Georges d'Avenel

Paysans et Ouvriers depuis sept siècles

Histoire

ISBN : 978-1724438751

10 9 8 7 6 5 4 3 2 1

Georges d'Avenel

Paysans et Ouvriers depuis sept siècles

Histoire

Table de Matières

I. LES SALAIRES AU MOYEN AGE 7

II. LES SALAIRES AUX TEMPS MODERNES 45

III. LES FRAIS DE NOURRITURE AU MOYEN AGE 84

IV. LES FRAIS DE NOURRITURE AUX TEMPS MODERNES 120

I. LES SALAIRES AU MOYEN AGE

L'histoire des salaires, c'est l'histoire de ces quatre cinquièmes de la nation qui sont tenus de signer en naissant un pacte avec le travail manuel, qui vendent leur vie pour avoir de quoi vivre, pour jouir seulement d'un nécessaire plus ou moins strict, semblables en cela à des marchands qui se donneraient beaucoup de mal pour revendre leur marchandise au prix coûtant. Un des problèmes dont notre époque s'honore de rechercher la solution est celui de savoir par quels moyens peut être amélioré le sort de cette majorité laborieuse qui n'a pas d'héritage à léguer ni à recueillir, qui n'a point ou presque point de part à la possession du capital, et ne saurait même, dans son ensemble, en avoir qu'une très faible. Car si, par l'épargne persévérante, le cuivre en ses mains devient or, l'or aussitôt « devient à rien » ou à peu de chose, précisément à cause de son abondance qui fait à la fois baisser le taux de l'intérêt et augmenter le prix de la vie. Et plus elle épargne, cette classe des travailleurs, pour parvenir à cesser son travail, plus elle élève le chiffre minimum du revenu indispensable à l'homme qui veut demeurer les bras croisés, plus elle accroît aussi l'écart entre le loyer de l'argent et sa valeur. C'est un nouveau rocher de Sisyphe, qui ne roule plus au bas de la montagne lorsqu'il en touche le sommet, comme celui de la mythologie antique, mais devant lequel le sommet se dérobe comme si la montagne ne cessait de se hausser à mesure qu'on la gravit.

C'est le côté insoluble de ce qu'on nomme la « question sociale ». Les réformateurs les plus utopistes veulent bien reconnaître que dans aucun temps, proche ou lointain, l'universalité des hommes ne pourront vivre de leurs rentes ; c'est donc à augmenter les salaires qu'ils entendent s'appliquer. Mais le prix du travail, non plus que celui de la terre ou celui de l'argent, n'obéit à personne. Sur lui les lois n'ont guère de prise. Que ces lois émanent d'un monarque, en pays despotique, ou d'une assemblée populaire en pays démocratique, il leur échappe et s'en joue. Par compensation, il a ses règles qui lui sont propres et il y demeure soumis, en tous les temps, sous toutes les latitudes, de quelque manière que les sociétés soient construites et que les individus soient groupés. « Au fond de l'histoire intérieure et de l'histoire extérieure des nations, a dit quelque part Victor Hugo, il n'y a qu'un seul fait : la lutte du malaise contre le bien-être. A de certains moments les peuples mal situés dérangent l'ordre européen, les classes mal partagées dérangent l'ordre social. » Il est vrai, mais ni les invasions ne changent les lois géographiques, ni les révolutions les lois économiques. On pourra plusieurs fois bouleverser le monde avant de faire que le nord ait autant de soleil que le midi et que le travail soit bon marché là où il sera rare.

I

A l'appui de cette observation, banale et pourtant méconnue, le témoignage de l'histoire mérite d'être recueilli. Pour dissiper l'obscurité qui règne encore dans ces régions de la science, on nous pardonnera l'accumulation des chiffres, froids et nus, qui se succèdent dans cet article. Le lecteur se souviendra que chacun de ces chiffres, dont la longue suite forme un texte rebutant, recouvre mille émotions secrètes de nos pères, que ces hausses ou ces baisses de quelques centimes sur la journée du manœuvre cachent cent plaisirs et cent peines ignorés, qui n'ont point trouvé place dans les chroniques. Tout au plus les annalistes leur consacrent-ils quelques lignes s'il s'agit d'une catastrophe fameuse, d'une famine bien caractérisée, où la plèbe silencieuse est morte par grands tas. L'intimité des petits foyers, des petits budgets, les salaires nous la révéleront, et seuls ils peuvent nous la révéler.

Longtemps nos yeux, dans le passé, n'ont aperçu que l'écorce des choses, les modifications tout extérieures des royaumes, les têtes qui dépassaient le niveau des foules, les faits qui contrariaient le cours ordinaire de la vie. Mais le champ des études historiques s'est élargi de nos jours ; il s'élargira encore. Les mesquines affaires des grands de ce monde, le récit de leurs passions, de leurs intrigues, de leurs vertus ou de leurs forfaits n'ont plus le don de nous intéresser uniquement. On s'est lassé d'admirer les stratagèmes des généraux, de compter les cadavres sur les champs de bataille. Les finesses des diplomates qui amènent la guerre pour profiter de la paix et profitent de la paix pour préparer la guerre, l'élargissement des empires qui soudent les hommes en grosses masses, leurs morcellements qui divisent les citoyens en minces troupeaux, ne sont-ce pas là des matières à réflexions qui vieillissent et qui s'usent ? Au contraire, pour cette foule intelligente que nous sommes, passionnés pour nos destinées de demain, est-il rien dans les siècles d'hier qui mérite mieux de fixer notre attention que la marche du progrès moral et matériel, que l'histoire de ces deux biens dont la possession est en somme le seul objectif de l'humanité : la liberté et le bien-être ?

Or ces deux biens n'ont entre eux aucun lien positif ; ils ne s'appellent pas, ils ne s'engendrent pas l'un l'autre : les temps passés le démontrent clairement. Dans une société civilisée, il peut arriver, il arrive quelquefois, qu'un homme meure de faim ; cela n'arrive jamais à un cheval. Sans aller jusqu'au décès par inanition, il est des misères dont souffrira maint électeur et que n'endurera jamais un bœuf. Les conditions économiques dans lesquelles ces animaux sont placés les préservent, durant la vie, de certaines privations dont la civilisation ne préserve pas toujours des hommes. Un esclave que son maître peut battre ou tuer est plus à l'abri de certains dénûments que bien des travailleurs maîtres de leur existence.

Prenons le serf du moyen âge : il vit dans un pays où la population est rare, où la plupart des produits de la terre sont à bas prix. Il jouira donc, tout serf qu'il est, d'un nombre de kilogrammes de pain ou de viande, de laine ou de bois, comparativement plus grand que le journalier libre des XVIIe et XVIIIe siècles, qui doit partager, avec vingt millions de concitoyens, des denrées dont la somme n'a pas augmenté autant que le nombre des bouches à nourrir. Est-ce à dire que le moyen âge, dans son ensemble, vaille mieux que les temps modernes ? La civilisation en créant l'épargne, en morcelant le sol et en consacrant la propriété exclusive de quelques individus, en multipliant les habitants surtout et en faisant par-là renchérir les vivres, a été jadis défavorable à l'être qui n'avait que ses deux bras pour toute fortune. Chaque paire de bras représentait une bouche ; la bouche de ce nouveau convive qui arrivait ainsi, lorsque déjà tant d'autres étaient à table qui avaient peine à se suffire, paraissait de plus en plus importune ; ses bras semblaient de moins en moins nécessaires. Notre XIXe siècle a trouvé le moyen d'accueillir beaucoup de nouvelles bouches et d'utiliser beaucoup de nouveaux bras. Il a su renouveler, au profit des travailleurs, le miracle de la multiplication des pains. Les bras et les bouches ne se déclarent pas encore satisfaits, puisque les premiers trouvent qu'ils ont trop à faire et les secondes qu'elles n'ont pas assez à manger ; mais qui donc est jamais satisfait en ce monde ? On verra si nos contemporains, comparés à leurs aïeux immédiats, sont bien fondés à se plaindre.

La mesure universellement admise des prix du travail, c'est la journée du manœuvre, la rémunération de la force brutale, dépouillée autant que possible de science et d'intelligence. Les exemples des salaires de ce genre sont rares au XIIIe siècle. Presque tous les journaliers sont alors, ou des serfs qu'on ne paie point ou des vassaux que l'on a, une fois pour toutes, payés en terres. Les relations d'homme à homme étaient alors *exclusivement féodales* ; le féodalisme s'était fourré partout. L'on prêtait hommage-lige à un voisin pour cinq cents francs dont il vous faisait cadeau en espèces — féodalité financière. — De même on s'assurait les services perpétuels d'un boulanger ou d'un charron moyennant l'octroi de quelques hectares labourables — féodalité ouvrière. — Brasseur, berger, messager, forgeron, tous sont fiefs. Toute besogne, tout achat, apparaissent ainsi sous forme fieffée aux gens du moyen âge. Au lieu de payer son cordonnier ou son tailleur, le rentier, laïque ou clerc, passe avec eux des contrats à perte de vue, compliqués et éternels. Chacune des parties concédait des avantages et se soumettait à des obligations qui parurent peu à peu aussi gênantes aux employeurs qu'aux employés.

Si ces derniers ont une postérité abondante, la terre qui constitue leur rétribution passe à une collectivité assez nombreuse : le fief du vacher de telle abbaye normande est représenté, en 1400, par sept personnes, celui du vigneron par quatorze, celui du maréchal par plus de vingt. En ce cas, l'aîné du fief en rend le service, taille les vignes, ferre les chevaux. Avec ces emplois héréditaires il arriva, au bout de plusieurs générations, qu'une charge incombant dans le principe à un chevalier échut à des paysans, qu'au contraire un métier peu illustre, comme celui de portier, ou exigeant un minimum de compétence, comme celui de cuisinier, vint en partage à des bourgeois qui se substituèrent des remplaçants quelconques. Mieux valait, en pareil cas, se rendre mutuellement sa liberté. C'est ce que firent, du XIIIe au XIVe siècle, des conventions intervenues pour détruire ce que les conventions antérieures avaient cru organiser à jamais. Un « queu » fieffé se libère, en 1524, par une rente en argent, de l'office dont il est encore tenu.

Aucune époque ne s'est plus efforcée de combiner entre les individus des rapports immuables ; aucune n'a été ensuite plus embarrassée de son œuvre et n'a plus souffert pour l'anéantir. Les prix de toutes choses étant dans un mouvement perpétuel, ces marchés permanents qui avaient satisfait, le jour de leur conclusion, l'intérêt réciproque des deux parties, cessaient, au bout de très peu de temps de plaire à l'une ou à l'autre. Tantôt le maître estimait payer trop cher, tantôt le travailleur se jugeait payé trop bon marché. Le travail fieffé était, autant qu'on en peut juger, très largement rémunéré au XIIIe siècle ; non pas que les particuliers de ce temps fussent plus généreux que ceux d'aujourd'hui, mais simplement parce qu'ils en avaient fixé, à l'origine, le prix invariable en une monnaie — la terre — qui avait, depuis, augmenté de valeur. Un terrassier qui jouit d'un fief de 7 hectares et demi, en 1270, doit, comme redevance, labourer, ensemencer de blé et moissonner 54 ares de terre, faucher et engranger le foin de 27 ares de pré. Au prix actuel ces diverses façons agricoles représentent une *centaine de francs*, si le cultivateur fournit la semence ; tandis que le revenu de 7 hectares et demi, par lequel ce travail est jadis rétribué, correspond présentement à un chiffre moyen de 375 francs. L'écart entre la valeur de la main-d'œuvre et celle de la terre était donc ici, au XIIIe siècle, trois fois moindre qu'il ne l'est de nos jours.

Ces inféodations s'étant faites librement, il avait fallu, pour que le seigneur et le vilain tombassent d'accord, qu'à une heure donnée la possession des 7 hectares et demi fût aussi avantageuse à l'un que l'était à l'autre l'exploitation des 80 ares en blé et en herbe. C'était le résultat d'une situation économique qui s'imposait. On ne saurait en faire honneur politiquement au régime féodal, pas plus qu'on ne serait fondé à louer la générosité du gouvernement des Etats-Unis d'avoir vendu, depuis cinquante ans, pour 10 francs l'hectare, nombre de surfaces fertiles aux colons européens. Seulement il n'est pas niable que la condition de l'ouvrier fieffé du XIIIe siècle ait été avantageuse et que son salaire, évalué en argent, ait à cette époque singulièrement progressé. Ce qui le prouve, c'est que les maîtres d'alors offrent fréquemment aux prolétaires ruraux une prime pour annuler les anciennes conventions. Un monastère rachète ainsi, sous Philippe le Hardi, les emplois de charretier, de gardeur de porcs, de fournisseuse héréditaire du fil à coudre, — ce dernier moyennant 560 francs de nos jours, — afin de supprimer en même temps les distributions de lin et de chanvre qui constituaient le paiement de cette ouvrière. Il fallait que les propriétaires, pour agir ainsi, eussent la certitude de se faire servir à meilleur compte, soit par des paysans affieffés à des conditions nouvelles, soit par des colons indépendants.

Cependant ce travail libre était lui-même bien payé : un faucheur gagne, en 1200, 5 francs par jour de *notre monnaie*, en tenant compte et de la valeur *intrinsèque* du métal et de sa valeur *relative* par rapport au prix de la vie, — de la *puissance d'achat* de l'argent, — ainsi que seront établis tous les chiffres qui vont suivre.[1] Les journaliers de Languedoc et de Normandie reçoivent, en 1240, 2 francs ; et si, à Paris, la journée des porteurs d'eau de Saint-Louis n'est que de 1 franc, c'est qu'ils sont nourris et logés au palais royal, et qu'il s'agit de gages assurés pour toute l'année. Comparés aux salaires actuels, que l'on évalue, pour le manœuvre non nourri, à 2 fr. 50 et pour le manœuvre nourri à 1 fr. 50 par jour, les rétributions du XIVe siècle ne leur sont pas inférieures. Celles que nous avons recueillies fournissent une moyenne de 2 fr. 34 entre 1301 et 1325, de 2 fr. 80 de 1326 à 1350, de 2 fr. 70 de 1351 à 1375, pour la journée des laboureurs, vendangeurs, bûcherons, batteurs en grange. Les plus heureux vont jusqu'à 4 fr. 20 ; les moins favorisés descendent à 1 fr. 40 ; on constate, dans notre France de 1896, des différences semblables, et même de plus grandes, suivant les départements et les saisons. Or les moyennes qui précèdent, résumés de chiffres venus des quatre points cardinaux et puisés à mille sources diverses s'appliquent *à l'ensemble de l'année*. On tomberait dans de singulières exagérations, si l'on ne prenait pas garde que les salaires de moisson ou de vendange, — les plus nombreux et aussi les plus hauts de ceux que l'on rencontre dans les comptes, parce

---

1 Ce procédé a pour but d'épargner au lecteur des calculs perpétuels et fastidieux. Voyez notre *Histoire économique de la propriété*, t. I, p. 27 et 62. Ainsi le journalier touche 6 deniers tournois en 1240 ; ces 6 deniers valent intrinsèquement 0 fr. 50, parce qu'ils signifient 2 grammes et demi d'argent fin, et comme ces 2 grammes et demi d'argent fin ont une puissance d'achat quatre fois plus forte que celle qu'ils ont aujourd'hui, les 30 centimes de 1240 correspondent à 2 francs de 1896.

qu'en ces périodes beaucoup de gens embauchaient des ouvriers supplémentaires, — ne sont pratiqués que durant des moments assez courts. Le traitement de l'homme le plus bas placé dans la hiérarchie laborieuse était donc égal à ce qu'il est aujourd'hui et certainement plus avantageux qu'il n'a été de 1801 à 1840. Il était impossible qu'il en fût autrement, si l'on se reporte aux conditions de la France entre 1301 et 1350. Les causes qui favorisaient alors le travailleur rural sont analogues à celles qui faisaient payer, il y a trente ans, un manœuvre du Far-West 12 et 15 francs par jour. Quand on peut devenir propriétaire sans bourse délier, comme au temps de Philippe de Valois, et cultiver son propre fonds, personne ne veut plus cultiver la terre d'autrui. Pour que ce serf affranchi, à qui son maître d'hier, devenu simplement son seigneur, « accensait » le sol à discrétion, consentît à travailler à la tâche, il fallait qu'il n'eût pas en poche les quelques dizaines de francs indispensables à l'achat du matériel sommaire d'une petite exploitation. C'est pourquoi les services de l'ouvrier agricole furent à plus haut prix sous Jean le Bon que sous Louis XVI. Il en est de même des femmes employées aux besognes des champs, dont on évalue aujourd'hui le salaire moyen à 90 centimes, quand elles sont nourries, et 1 fr. 50 quand elles ne le sont pas. Elles gagnaient en moyenne, au XIVe siècle, 1 fr. 80 sans nourriture, en Normandie ou en Champagne ; et les faneuses de l'Anjou n'ont que 1 fr. 50, mais les vigneronnes de la Lorraine ont 2 fr. 10.

Que serait-il advenu de cette prospérité d'un pays, que Froissart nous dit être « gras, plein et dru, les gens riches et possédant de grands avoir », si la guerre de Cent ans ne fût venue brusquement l'interrompre ? Sans doute la population eût continué à s'accroître, le sol eût été rapidement utilisé. Le contraire arriva ; avec la fin du XIVe siècle commence une ère navrante où la civilisation, rudement, fut refoulée en arrière ; la terre tomba au XVe siècle à moins du cinquième des prix qu'elle avait naguère atteints. Mais les salaires augmentèrent à mesure que le pays se dépeuplait. Au lieu de 2 fr. 70 sous Charles V, le manœuvre gagna 3 fr. 15 sous Charles VI et 3 fr. 60 sous Louis XI. De son côté la journalière rurale qui recevait, en 1326-1350, 1 fr. 80, acquiert, de 1401 à 1500, une paye normale de 2 fr. 25 à 2 fr. 30. Les bras mâles ou femelles, les simples bras du XVe siècle sont moitié plus rémunérés que ceux du XIXe, si l'on n'envisage que le taux de la journée.

Les travaux auxquels s'appliquent les chiffres qui précèdent sont tous de la nature la moins compliquée, travaux des champs pour la plupart : tasseurs de foin, hotteurs de raisins, scieurs de bois, faucheurs ou laboureurs, les moindres d'entre eux touchent 1 fr. 20 s'ils sont nourris, et 2 fr. 40 s'ils ne le sont pas ; les mieux rétribués ont jusqu'à 3 francs avec nourriture et jusqu'à 6 francs lorsqu'ils se nourrissent à leurs frais. Les femmes occupées à cueillir du lin ou des pommes, à sarcler ou à blanchir le linge, touchent de 1 fr. 25 à 3 fr. 50. Et cela dans les diverses provinces, au nord ou au sud de la France, sans que l'on puisse discerner une supériorité quelconque du journalier urbain : en effet les hommes de peine — « sommeliers du corps » — de la maison royale ne reçoivent pas plus de 1 fr. 50 en 1380 ; les balayeurs de Paris n'obtiennent pas davantage au début du règne de François Ier ; les uns et les autres étant, bien entendu, nourris. Le journalier de Bayreuth, en Bavière, recevait, dans les mêmes conditions, un salaire identique ; celui d'Augsbourg avait 3 francs, mais sans aliments, et ceux d'Angleterre un salaire un peu plus élevé, 3 fr. 50 à 3 fr. 80, qui se rapprochait par conséquent beaucoup de notre moyenne française. Ce n'est pas une des moindres singularités du moyen âge que le faible écart de ces chiffres, d'un pays à l'autre, au XVe siècle.

II

Par combien de jours faut-il multiplier cette paie quotidienne pour connaître le salaire annuel ? Le nombre des jours chômés a beaucoup varié sous l'ancien régime suivant les siècles, les régions et, dans chaque région, suivant la nature du travail. Si l'on en croyait Boisguillebert, il n'y aurait pas eu dans l'année plus de 200 jours où il fût permis de se livrer aux « œuvres serviles ». Les magistrats, à en juger par leur calendrier, respectaient avec scrupule 89 fêtes d'obligation, en plus des dimanches ; mais de tout temps, les administrations publiques chôment plus volontiers que la classe ouvrière. Il est par exemple inadmissible que le paysan ait jamais consenti à se croiser les bras au mois d'août, en pleine récolte, pendant les quinze jours que les gens du Tiers État classaient comme « non ouvrables ». Mais on peut considérer que, sur les onze autres mois, étaient répartis, en sus des jours où le cultivateur se repose aujourd'hui volontairement, une cinquantaine de jours de chômage obligatoire : soit 250 jours de labeur par an.

La comparaison du salaire des *journaliers nourris* avec celui des *domestiques de ferme* tend à prouver que la durée du travail était autrefois moindre que de nos jours : il a dû exister de tout temps, entre ces deux salaires, une marge représentant la somme des dépenses incombant au journalier et non au domestique, telles que le loyer, l'éclairage, le chauffage ; et l'écart n'a jamais pu représenter beaucoup plus que ces dépenses. La journée du manœuvre nourri, à 1 fr. 50, donne aujourd'hui, multipliée par 300, 450 francs par an, soit 100 francs de plus que le salaire du domestique, évalué à 350 francs. Proportionnellement le journalier semble moins payé que le domestique. Il a pu l'être davantage au temps jadis. Le service personnel était aussi honorable et noble, aux XIVe et XVe siècles, qu'il est discrédité dans l'esprit de nos travailleurs contemporains, et si l'état de domestique s'est depuis cent ans amélioré plus que tous les autres, sous le rapport du salaire, c'est précisément parce qu'il a été moins recherché par les salariés.

Mais en admettant l'influence de ce courant d'opinion, qui a dû faire monter les gages du serviteur rural et baisser ceux du journalier, il serait toutefois inexplicable que les propriétaires d'il y a quatre et cinq cents ans se fussent plu à donner bénévolement aux seconds le *double* de ce que leur eussent coûté les premiers. Si le manœuvre nourri du XIVe siècle, payé 1 fr. 40 par jour, eût travaillé 300 jours, il aurait eu au bout de l'année 420 francs, tandis que le valet de ferme n'avait alors que 192 francs. Le salaire moyen du domestique de 1896 représente 233 journées du manœuvre nourri : jamais cette proportion n'a été atteinte au moyen âge. Du XIIIe siècle au XVIe siècle le salaire du domestique équivaut au maximum à 187 journées et au minimum à150 journées de manœuvre nourri. De sorte qu'en attribuant au manœuvre nourri, comme revenu annuel, le produit de 250 jours de travail seulement dans les siècles passés, on trouve encore, entre ce revenu et les gages du domestique, un écart plus grand qu'aujourd'hui. Le fait est d'autant plus notable que les dépenses incombant au journalier et non au domestique, notamment le chauffage et le loyer, sont au nombre de celles qui ont le plus augmenté.

Cette observation confirme ce que je disais tout à l'heure, que la condition du journalier était meilleure autrefois que celle du domestique, tandis que c'est le contraire en 1896. Il y avait pourtant, *proportionnellement au nombre d'hectares cultivés*, plus de bras dans les campagnes : d'abord parce qu'il en fallait davantage pour la culture — le batteur au fléau avait en grange de la besogne pour une partie de l'hiver ; — ensuite parce que beaucoup des moissonneurs et des faneuses étaient des ouvriers de métier, fileuses ou tisserands souvent, qui quittaient le rouet ou la navette pour la fourche ou la faucille. S'il y avait aujourd'hui, avec les machines agricoles et l'organisation mécanique de l'industrie textile, autant de monde aux champs qu'il y en avait au XVe ou au XVIe siècle, comme le souhaitent ceux qui se plaignent de la dépopulation des campagnes, les malheureux laboureurs, privés d'ouvrage, crèveraient de faim durant dix mois de l'année.

Pas plus que ceux de 1896 les domestiques de ferme d'autrefois n'étaient habillés aux frais de leurs maîtres ; la preuve, c'est que, dans un bon nombre de contrats, il est stipulé que ces derniers fourniront aux hommes une robe, un chaperon, aux femmes une jupe, un surcot, aux uns et aux autres quelques aunes de toile ou quelques livres de laine, mais les gages monnayés subissent toujours une réduction proportionnée à l'importance de ces objets de toilette, et il importe peu qu'ils soient remis en nature par le maître, du moment où le serviteur paie leur prix en argent.

Comme les salaires des manœuvres, les gages des domestiques ruraux s'élevèrent du XIIIe au XVe siècle : de 1276 à 1325, la moyenne est de 180 francs par an ; de 1326 à 1350, elle fut de 192 fr. ; dans la seconde moitié du siècle elle se hausse à 242 francs ; puis, en 1401-1450 elle passe à 320 francs et à 342 francs en 1451-1475. Ces gages étaient, comme on voit, presque équivalents à ceux de nos jours ; ce fut, on vient de le dire, le point culminant de la courbe des prix du travail ; mais à cette même date le journalier, avec ses 3 fr. 60 par jour, se faisait 900 francs avec un labeur de 250 jours par an, c'est-à-dire 20 pour 100 de plus que le journalier de 1896 avec un labeur de 300 jours.

Les moyennes qui précèdent recouvrent naturellement de grandes inégalités : nous ne regarderons pas, il est vrai, comme des domestiques, ces « charretiers à pied », ou à cheval, dont les uns reçoivent 5 francs et les autres 10 francs par jour pour convoyer l'armée de Louis IX en 1231, ou celle de son fils en 1285 ; il s'agit ici d'un service militaire — le train des équipages — non d'un service agricole, et tout ce qui a trait à la guerre est fort bien payé en ce temps-là. Nous ne comprendrons pas non plus, dans la catégorie des adultes employés à l'exploitation rurale, les bambins auxquels on ne donnait que 20 francs par an et quelquefois 12 francs. Le besoin de bras, la hausse des gages, multiplia, dès la fin du XIVe siècle, les embauchages de petits êtres saisis par le travail à des âges invraisemblables. Tel père loue pour un an et demi, comme servante, sa fille âgée de 8 ans ; tel autre « baille « pour 9 ans, à un fermier voisin, « le corps d'une sienne fille âgée de 4 ans. » Les liens de famille ne sont pas un obstacle à ces engagements : des fils se louent comme serviteurs chez leurs pères, avec leurs femmes et leurs enfants, au nom desquels ils se portent garants. Dans les mœurs d'une époque qui sortait à peine du servage, il ne pouvait s'attacher aucune idée humiliante au service domestique. Le peuple des campagnes, au sein duquel le mouvement des idées s'opère avec plus de lenteur, n'a pas encore là-dessus la même manière de voir que celui des villes : il est aujourd'hui nombre de métayers et de curés de village qui ont chez eux leur sœur comme servante appointée. Les valets ne mangent-ils pas à la ferme à côté des maîtres, dont la prérogative est seulement d'occuper à table le « haut bout » ?

Dans la hiérarchie du faire-valoir rural, le petit berger, le gardeur de porcs, le « petit valet pour les chevaux » tiennent le plus bas degré : ils touchent 80 à 100 francs par an. Beaucoup de ceux d'aujourd'hui, à l'âge égal, n'ont pas autant. Les « bons valets de charrue » bouviers, vachers, domestiques batteurs en grange, constituent le gros de l'effectif ; leurs gages variaient de 200 à 350 francs suivant la capacité ; enfin, au haut de l'échelle, sont les charretiers — comme de nos jours d'ailleurs, le « fin charretier » était un personnage rare ; on lui donnait jusqu'à 400 et 500 francs par an.

Comparera-t-on à ces valets rustiques les serviteurs attachés, dans le « plat pays » ou dans une « bonne ville », non à *la terre*, mais *à la personne* d'un bourgeois ou d'un châtelain ? Si l'on néglige ceux qui ont une aptitude spéciale, cochers, cuisiniers, etc., et si l'on ne s'occupe que de la province, — les gages des hommes à Paris étant aujourd'hui exceptionnellement élevés, — on remarque que les domestiques de l'intérieur ressortent *à l'heure actuelle* en moyenne à 370 francs, contre 350 francs pour ceux de la ferme. La même analogie de traitement se retrouve au moyen âge. Il faut naturellement laisser de côté les privilégiés : le valet de chambre de saint Louis payé 728 francs, ou le barbier-valet de Charles le Sage qui recevait 2 000 francs ; comme aussi les valets de princes, bien que celui du comte d'Artois ne soit pas appointé plus de 550 francs au XIVe siècle, et celui de la comtesse de Savoie plus de 316 francs en 1299. Encore moins doit-on ranger dans la simple domesticité les semi-fonctionnaires auxquels incombent les emplois cynégétiques des châteaux opulents : un fauconnier qui touche 3 300 francs, un veneur qui touche 1 500 francs. On pourrait plutôt y faire rentrer les pages — à 190 francs par an en 1313 — puisque aux XIVe et XVe siècles ces jeunes gens, poétisés par le roman et le théâtre, joignaient à leur service d'honneur les tâches les plus vulgaires, voire les plus malpropres. Le valet d'un rentier urbain, d'un curé, d'un marchand, d'un notaire, avait des gages peu différents de ceux du domestique de ferme, un peu plus bas cependant, tandis qu'aujourd'hui ils sont un peu plus hauts. On en rencontre depuis 150 francs au XIVe siècle, et les plus favorisés vers la fin du XVe siècle ne dépassaient pas 300 francs dans les familles bourgeoises. Des gages de 500 francs, comme en donne la comtesse d'Angoulême, mère de François Ier, en 1497, ou 600 francs, ainsi que paye à la même époque la vicomtesse de Rohan, sont vraiment hors de pair.

On en peut dire autant des « valets de chariot » — cochers — et palefreniers, des cuisiniers à la journée qui se font 5 francs par jour à Paris, au XIIIe siècle, ou des « queux » de grande maison, auxquels on paye jusqu'à 600 francs de gages chez le duc d'Orléans fils de Philippe VI, et jusqu'à 1 000 francs chez le prince de Piémont. Ceux des simples particuliers ont depuis 500 francs jusqu'à 300, chiffre dont se contente le chef de cuisine de l'évêque de Troyes. Si l'Hôtel-Dieu de Paris paye ce dernier prix, d'autres hospices trouvent à meilleur marché à qui confier la direction de leurs casseroles. Quant aux aides, aux « valets d'escuellerie », ils descendent à 100 francs et ne dépassent jamais 250. On rencontre même en Allemagne des marmitons à 40 francs par an. Le reste du personnel qu'abritait le manoir féodal et dont l'effectif variait selon le rang et la richesse des maîtres, depuis une douzaine de personnes chez des seigneurs ordinaires jusqu'à deux cents chez la duchesse de Bourgogne, avait une condition analogue. La diversité de leur traitement en numéraire vient de l'importance plus ou moins grande de leurs loisirs et des bénéfices en nature qui leur sont concédés.

Pour les domestiques femmes, la distinction entre celles des fermes et celles des bourgeois offre moins d'intérêt que pour les hommes ; non seulement parce que les salaires des unes et des autres se ressemblent, mais aussi parce que leurs fonctions, du XIIIe au XVIe siècle, différaient peu dans les petits ménages urbains, où elles traient la vache et font la litière du cochon, de leur emploi aux champs, où elles poussent le rouet et remplissent la marmite dans l'âtre. La moyenne des unes et des autres, servantes de ferme et d'intérieur, « chambelières » ou filles de basse-cour, balayant la salle ou battant en grange, *bonnes à tout faire*, suivant l'expression moderne, est de 108 francs de gages au XIVe siècle, de 145 francs au XVe où, comme les hommes, elles ont enchéri. La moins payée ne touche qu'une soixantaine de francs chez un charretier ; une vachère, « servante à la cour », près d'Orléans, n'a guère davantage ; mais une chambrière de chanoine a 135 francs ; une lavandière de ville en a 200. Au-dessus de cette plèbe de la domesticité est l'élite, naturellement peu nombreuse, les « femmes de chambre » des châtelaines, dont les gages n'ont pas de règles et vont à 500 francs et même à 750 chez une princesse, belle-sœur du roi. Les cuisinières, que le XIXe siècle traite avec une faveur marquée, étaient à peu de chose près sur le même rang que les autres servantes. Quant aux nourrices, leur lait est payé suivant sa destination : celles de l'Hôtel-Dieu de Paris n'ont que 45 francs sous Louis XII, celle d'un bourgeois d'Angers avait 110 francs, tandis que la nourrice d'une princesse avait 500 francs et que le sein qui alimente, au XIIIe siècle, un frère de Philippe le Bel est appointé à 8 francs par jour, allaitement exceptionnellement coûteux, puisqu'il ferait ressortir l'année entière à 2 900 francs.

Si nous rapprochons le salaire des servantes de celui des journalières nourries, nous voyons que l'écart entre ces deux catégories est très certainement supérieur à la somme des dépenses dont la première est dispensée et qui incombent à la seconde. On en doit conclure que journalières ou manœuvres, travaillant 250 jours par an, ont été beaucoup mieux rétribués au moyen âge que les domestiques des deux sexes ; ce qui est le contraire aujourd'hui, quoique les manœuvres travaillent 300 jours. Il y a là un phénomène positif, quoique singulier : les servantes de ce temps étaient moins payées que celles du nôtre, les journaliers l'étaient davantage qu'aujourd'hui.

Autre matière à réflexion : la proportion variable du salaire des hommes à celui des femmes, dans la suite des âges. On évalue en 1896 la journée des uns à 2 fr. 50, celle des autres à 1 fr. 50, c'est-à-dire aux trois cinquièmes — 60 p. 100 ; — mais il s'en faut de beaucoup que ce rapport soit uniforme sur tout le territoire de la République. Ceux d'entre nous qui habitent la campagne peuvent s'en rendre compte par leur expérience personnelle. Les salaires masculins sont plus élevés dans tel département où les salaires féminins sont bas, que dans tel autre où les femmes sont mieux rémunérées. Quelle est la cause de cette anomalie ? Les ennemis du travail féminin se hâteront de répondre que la faute en est au sexe faible, qui fait, par sa concurrence, baisser le prix du travail des hommes. Mais comment se pourrait-il faire alors que, dans les districts où un plus grand nombre de femmes travaillent, elles soient mieux rétribuées que dans ceux où il y en a peu à aller en journée ; qu'en un mot leur travail soit plus cher quoique plus abondant ?

Nous venons de dire que la journée de femme équivaut aujourd'hui à 60 p. 100 du prix de la journée d'homme. Dans l'espace de quatre cents ans (1 200-1 600) le rapport entre les bras mâles et femelles varia au point de faire estimer ceux-ci jusqu'aux trois quarts du prix de ceux-là, à la fin du XIVe siècle, et de déprécier ensuite au XVe le labeur des femmes jusqu'à près de moitié seulement de celui des hommes. Quelle a été la cause de ce changement, et ne faut-il pas dire, en retournant l'argument de ceux qui cherchent de nos jours à entraver le travail féminin pour faire hausser le masculin, que c'est au contraire la baisse de la paie masculine, provoquée par des causes indépendantes des salaires, qui, amenant la gêne du ménage, contraignit un plus grand nombre de femmes à solliciter de l'ouvrage et à en restreindre la valeur par leur mutuelle concurrence ?

III

Jamais le salaire des paysans n'avait été au moyen âge aussi élevé que dans la seconde moitié du XVe siècle ; jamais dans les temps qui vont suivre il n'atteindra des chiffres équivalents, pas même de nos jours. Dès le règne de Louis XII (1 498-1 515), les dépenses du prolétaire, comparées à ses recettes, accusent une situation moins favorable : l'influence de la crue de population se manifestait.

Le journalier qui gagnait 3 fr. 60 sous Charles VIII, ne gagna plus que 2 fr, 90 sous François Ier, 2 fr. 25 sous Charles IX et 1 fr. 95 à l'avènement d'Henri IV. Le laboureur de la fin du XVIe siècle n'avait ainsi, pour vivre, *que la moitié de ce qu'avait eu son aïeul*, cent ans auparavant. Il n'avait guère plus des deux tiers de ce dont avait joui le moins fortuné de ses pères depuis le milieu du XIVe siècle. Le salaire, sous Henri III, oscille depuis 1 fr, 27, prix d'un vendangeur à Issoudun, jusqu'à 3 francs, prix d'un journalier de Bourgogne. Nourri, le manœuvre doit se contenter en moyenne de 90 centimes à cette époque, tandis qu'un siècle plus tôt il recevait 1 fr. 80, et que 50 ans avant il touchait 1 fr. 20. Une paie quotidienne de 1 fr. 60, encore assez ordinaire en 1510, est tout exceptionnelle en 1545 pour un journalier *nourri* ; le seul à qui nous la voyons accordée, à cette date, doit en retour un service particulièrement pénible : il soigne les pestiférés à Montélimar.

Le XVIe siècle, qui vit le triomphe des propriétaires fonciers, vit aussi la déroute des travailleurs manuels ; tandis que le XVe siècle, où les terres étaient tombées presque à rien, avait été l'ère la plus avantageuse pour les salariés. Veut-on se rendre compte de la valeur respective du travail et de la terre ? Rapprochons les moyennes du revenu de l'hectare labourable de celles du salaire des manœuvres. Au XIIIe siècle et jusqu'au premier quart du XIVe — époque où le sol labourable n'est que très partiellement dans le commerce, — le gain annuel du vilain correspond au revenu annuel de 8 hectares, puis au revenu de 19 hectares (1326-1350) ; enfin au XVe siècle, le journalier est aussi riche avec sa paie que le propriétaire oisif de 32 hectares. Cet état de choses, il est vrai, ne dure pas longtemps ; le travailleur ne gagne déjà plus à l'avènement de Louis XII que l'intérêt de 19 hectares, puis de 15 hectares vers 1550, enfin de 9 hectares et demi en 1600. Quelle qu'ait été, depuis cette époque jusqu'à nos jours, où l'hectare rapporte 50 francs, la hausse du sol cultivé, le salaire de notre journalier actuel à 750 francs égale l'intérêt de 15 hectares, et le travail par conséquent est plus apprécié, par rapport à la terre, qu'il n'était il y a 300 ans.

La dépression des gages au XVIe siècle ne se produit pas brusquement ; elle n'est le résultat d'aucune catastrophe, d'aucun krack dans la fortune publique ; au contraire elle s'accentue en raison inverse des progrès de cette fortune et procède insensiblement comme une mer qui se retire. L'avilissement des salaires atteint an même degré presque toutes les professions : le domestique de ferme, au lieu de 306 francs en 1500, ne reçoit plus en 1600 que 150 francs ; le domestique de ville ou d'intérieur, au lieu de 282 francs, n'en touche plus que 120. Tous ces chiffres sont formulés, ainsi qu'on l'a expliqué ci-dessus, d'après le pouvoir d'achat de la monnaie. *Nominalement*, intrinsèquement, le prix du travail s'élève à la vérité de 33 pour 100, mais le prix de la vie augmente de 200 pour 100.

Les servantes qui, de 1476 à 1525, avaient 138 francs et qui, à ce taux, étaient beaucoup moins payées que celles d'aujourd'hui, dont le salaire est de 210 et de 300 francs selon qu'elles sont employées à la campagne ou dans les villes, les servantes n'ont plus en 1600 que 73 francs. La fille de ferme et la bonne à tout faire sont donc, au point de vue des gages, sans avoir fomenté aucune grève, *les privilégiées de la civilisation moderne*, celles qui en ont le plus profité. Du commencement à la fin du XVIe siècle, la journalière nourrie est passée de 1 fr. 20 à 50 centimes. Si elles se nourrissent à leurs frais, les femmes employées aux travaux champêtres n'obtiennent plus que 1 fr. 07 en moyenne, au lieu de 1 fr. 92. Pour prétendre davantage il faut des capacités particulières : une ouvrière en tapisserie se fera 1 fr. 75 à Orléans ; près de Nancy on donnera 1 fr. 60 à une vigneronne.

Ce n'est pas que les métiers ruraux aient été, plus que les bras du simple manœuvre, épargnés par la crise nouvelle. Les vignerons, dont le salaire moyen est, en 1600, de 2 fr. 50 sans nourriture, étaient payés, cinquante ans avant, 3 fr. 84. Ils avaient gagné 3 fr.

50 au XIVe siècle, 3 fr. 37 au début du XVe siècle et 4 fr. 50 sous Louis XI. Il en est de même des jardiniers à la journée, auxquels on donnait 3 fr. 50 au XIVe siècle et seulement 2 fr. 10 au XVIe. Employés à l'année, ce genre de serviteurs n'avaient pas en 1590 plus de 227 francs, tandis qu'on les payait 330 fr. en 1490.

Par le salaire des vignerons au moyen âge l'on peut augurer que la culture de la vigne coûtait aussi cher qu'aujourd'hui. Il serait facile de s'en rendre compte par la comparaison, à diverses époques, du prix des façons, si les indications des comptes n'étaient souvent trop vagues pour servir de base à des calculs. Le travail qu'exige le vignoble se divise, comme on sait, en une série d'opérations de valeur inégale. La connaissance détaillée des unes ou des autres — enlèvement des échalas, labourage, taille, recépage, binage, liage des ceps — ne nous instruit pas du total des frais qui seul ici nous importe. Pourtant la culture à forfait de la vigne, lorsqu'elle paraît embrasser l'ensemble des soins nécessaires, durant les douze mois de l'année, à la préparation d'une bonne récolte, revient en 1202, dans le département de la Seine, à 418 francs l'hectare. En 1350, à Dourdan, dans Seine-et-Oise, elle coûte 714 francs. En Normandie elle s'élève, en 1410, à 1 125 francs l'hectare, chiffre extraordinaire qui tenait sans doute à la pénurie des hommes du métier ; ceux sur lesquels on parvenait à mettre la main faisant la loi aux propriétaires. A la fin du siècle on ne dépensait plus dans la même localité (1498) que 756 francs. Mais au XVIe siècle l'hectare de vigne ne représentait que 660 francs de débours à Argenteuil et 540 sous les murs de Paris. Au temps de la Ligue la moyenne, en France, était tombée depuis le centre jusqu'à l'est à 380 francs ; le vigneron devait donc se contenter, sous Henri III, d'un gain non seulement inférieur de près de moitié à celui qu'il avait eu sous Charles VI et sous Louis XII, mais qui n'égalait même pas celui dont, quatre siècles auparavant, il jouissait sous Philippe-Auguste.

Les autres façons agricoles, rapprochées de leurs prix actuels, viennent confirmer les observations précédentes. Je laisse de côté tous les travaux malaisément comparables, soit parce qu'ils sont peu définis, — défrichement de terres, abatage d'arbres, creusement de fossés, — soit parce qu'ils n'ont plus leurs pareils de nos jours.

Dans la catégorie des ouvrages sans analogie présente rentre le battage des grains à façon. Il n'existe presque plus en France de batteurs au fléau, ni pour le blé ni pour l'avoine ou l'orge. Si quelques fermiers bretons usent encore, pour leur *sarrasin*, de cet instrument antique, le nombre en diminue sans cesse et cette besogne, en tous cas, n'est l'objet d'aucun de ces contrats si usités jadis pour la séparation du grain et des pailles. Comparons toutefois la fin du XVIe siècle avec les quatre cents années antérieures : en 1590 le battage et le vannage de l'hectolitre de blé coûtaient 73 centimes ; au XVe siècle ils avaient valu en moyenne 1 fr. 60, et, dans les deux siècles précédents, 1 fr. 28.

Il est des travaux champêtres, comme le labourage, qui sont demeurés les mêmes jusqu'à ce jour ; il en est, comme le fauchage de l'herbe, pour lequel les machines commencent à se substituer aux bras, mais qui se font encore exclusivement de main d'homme dans les régions où la petite propriété domine. Ceux-là permettent d'assez exactes assimilations entre le présent et le passé. Or le labour à façon se paie aujourd'hui 25 francs pour les blés de mars et 50 francs pour les blés d'hiver, dont les semailles sont précédées du passage deux fois répété de la charrue. Ce *double* labour valait en 1346, à Montauban, 73 francs ; il se payait à Rouen, en 1404, 68 francs J'hectare, et en 1588, en Artois, 35 francs seulement. Quant au fauchage des prés à façon, qui se paie environ 15 francs l'hectare dans la Normandie du XIXe siècle, il coûtait jusqu'à 24 francs dans la Normandie du XIIIe siècle, et en général 18 francs. Le prix moyen haussa aux siècles suivants et se maintient à 22 francs de 1401 à 1500. A la fin du XVIe siècle il était descendu à 12 francs.

IV

J'ai essayé de montrer que le moyen âge, par les conditions matérielles où il se trouvait, — et non pas par ses institutions sociales ni politiques, — avait été contraint de payer la main-d'œuvre un prix très élevé et de la payer d'autant plus cher qu'elle était plus rare à l'époque de nos désastres. La même *force des choses*, qui agissait alors en faveur des classes laborieuses, en procurant au serf affranchi la propriété de la majeure partie du sol cultivable, l'avait gratifié aussi, par les « droits d'usage », de l'usufruit d'une autre portion très notable de la terre française : la superficie boisée ; elle lui avait conféré enfin, par le « droit de vaine pâture », la jouissance de tout le reste du territoire pendant la moitié de l'année.

Ces deux derniers avantages constituaient, pour le « pauvre homme de labeur » d'autrefois, de véritables subventions nationales. C'était une propriété collective, une richesse banale, à la participation de laquelle étaient admis tous les citoyens des champs. Notre temps ménage aux non-possédants des subventions d'un autre ordre — telle est l'instruction gratuite ; — il dote et entretient sur le budget, cette bourse commune, beaucoup d'institutions d'assistance pour les enfants, les malades, les infirmes, les vieillards, et tout fait prévoir que la part des déshérités est destinée à s'accroître, sinon par les soins du législateur, du moins par l'initiative privée. On objectera que la charité, sous toutes ses formes, n'est pas nouvelle et que le régime féodal, qui l'a pratiquée sur une vaste échelle vis-à-vis des malheureux non valides, abandonnait en outre aux valides, destitués de tout capital, des biens que la civilisation leur a repris.

Ce serait soutenir que la civilisation ou du moins le peuplement est un mal, et que, au-dessus d'un certain chiffre, plus les hommes sont nombreux, plus ils sont misérables. C'est la thèse de Malthus et, jusqu'à notre siècle, il semble qu'elle ait été vraie. L'étude des temps qui ont immédiatement précédé le nôtre en fournit la preuve. Toujours le développement de la population pose des problèmes redoutables, et il ne les résout pas toujours. Pour que notre siècle se soit tiré à sa gloire des difficultés qu'il a eues à surmonter de ce chef, difficultés contre lesquelles nos pères, accablés pendant trois cents ans — de 1525 à 1830 — sous le poids de leur nombre, ont vainement lutté, il a fallu des inventions, des découvertes, qui ont changé la face du monde. C'est à ces découvertes contemporaines que nous devons d'avoir pu augmenter la production des marchandises, plus encore que n'augmente le chiffre des hommes ; tandis qu'auparavant c'était le contraire qui avait lieu. C'est à ce progrès récent de la science que nous devons par conséquent notre richesse et la faculté de créer, au profit des moins favorisés d'entre nous, des subventions artificielles qui remplacent les subventions naturelles d'époques à demi barbares.

Les forêts devaient être, au XIIIe siècle, dans une telle disproportion, avec la population d'une part, et de l'autre avec le reste du sol, qu'elles ressemblaient, entre les terres cultivées, aux surfaces couvertes par la mer entre les continents. Les arbres n'avaient guère plus de valeur sans doute que les flots de l'Océan. De ce sol commun, de cette étendue « vaine et vague », le seigneur se déclara plus ou moins propriétaire, parce qu'à ses yeux les choses qui étaient à tout le monde n'étaient à personne, et que les choses qui n'étaient à personne étaient à lui. Possession nominale du reste, là même où elle fut reconnue. Comme il n'en aurait tiré aucun profit, le maître se trouva heureux de laisser, pour quelques francs ou quelques centimes, user et abuser de son bien.

En matière de bois le droit d'usage des habitants fut donc général : usage pour pâtures, pour chauffage, pour charpente, pour meubles et ustensiles de toute sorte, aussi bien dans les forêts royales que dans les domaines des seigneurs laïques ou clercs. Il en était du chêne dans la futaie, comme aujourd'hui du moellon qui sommeille dans les entrailles de la terre, et qui n'a de prix que par le travail d'extraction, de charroi, de façonnage, dont il est l'objet. Les habitants de Perpignan prennent en 1296 le bois dont ils ont besoin moyennant 20 centimes le stère — 80 centimes de notre monnaie ; — somme élevée et qui n'était payée qu'aux abords d'une ville, puisque cent ans plus tard, dans la même province, de vastes forêts sont concédées à des particuliers avec autorisation d'y mettre le feu, « pour tuer et mettre en fuite les bêtes sauvages. » Ce mode sommaire de défrichement est encore appliqué dans le Midi au début du XVe siècle.

D'autres personnes, même sans être propriétaires, obtiennent le droit d'incendier ou de détruire certains bois de leur voisinage, pour détruire en même temps les sangliers et les ours qui les habitaient. Rien qui ressemble moins à nos idées étriquées, à nos économies sordides, sur cet article, que la magnifique prodigalité de nos pères en fait de bois. Aux portes de Paris, en 1346, le roi de France donne au duc de Bourgogne quatre hectares de la forêt de Crécy-en-Brie « pour la construction d'une nouvelle salle à son château » ; politesse bien naturelle, puisque l'année précédente ce duc, recevant dans ses Etals le roi Philippe de Valois, lui offrait une suite de festins dont la cuisine avait consommé 14 hectares de taillis. Quand on absorbe, pour débiter quelques solives ou faire rôtir quelques moutons, de telles surfaces forestières, c'est qu'elles ne sont pas bien précieuses. Dans le Gard, en 1271, la tuilerie de Campagnoles est louée moyennant une redevance de 6 000 tuiles par an, valant 300 francs d'aujourd'hui, avec pouvoirs pour les preneurs de couper tout le bois que bon leur semble, et de faire paître partout leurs bestiaux. A Chéry-Chartreuve, dans l'Aisne, le seigneur concède même aux riverains (1231) une partie du sol boisé ; il en interdit seulement le défrichement, sans doute afin que le droit de chasse qu'il s'est réservé ne devienne pas illusoire. Dès le milieu du VIIIe siècle, on trouve les populations de la Marche en possession des droits d'usage et de pacage les plus larges dans la forêt d'Aubusson. Une charte seigneuriale reconnaît ces droits en 1265, « sans qu'il soit permis aux habitants de disposer des bois ni pour trafic, ni pour don. » Le seigneur se réserve seulement « un certain lieu de la forêt » ; on le cantonne. Plus tard, en pareil cas, ce sont les usagers que l'on cantonnera. Les paysans, pour prix de cet usage, doivent seulement au suzerain une journée de charroi, « un voyage au bois. » Les choses marchaient ainsi depuis des centaines d'années quand, au XVIe siècle, le procureur fiscal du seigneur — ce fief appartenait alors à la dame de Beaujeu, fille de Louis XI — voulut troubler les vilains dans leur jouissance. De là, entre les officiers de la princesse et les usagers, un procès où ces derniers obtinrent d'ailleurs gain de cause.

Dix-sept paroisses de l'arrondissement d'Avallon louent en 1319 le droit d'usage dans la forêt d'Hervaux ; elles pourront y couper « tous bois qui leur seront nécessaires » moyennant un cens annuel de 10 deniers par feu. Au XIVe siècle ces 10 deniers valent 1 fr. 75, moins d'une journée de travail ; au XVIIIe siècle ils vaudront 8 centimes. Pour une poule et 5 deniers par tête et par an, les paroissiens de Parassy, en Berry, obtiennent la libre possession de la forêt qui les entoure. Ces « concessions », il faut le dire, ne sont en général que des « reconnaissances » de droits plus ou moins obscurs, plus ou moins anciens, qui s'affirment et se précisent. Les gens de Jumièges et de Braquetuit, en Normandie, soutiennent, dans un procès de 1579, que la forêt est commune entre eux et l'abbaye à qui nominalement elle semble appartenir ; que, moyennant un sol par an et par famille, ils y ont droit de pâture, de chauffage et de *glandée* pour leurs porcs.

Outre ces droits d'usage et de pâturage dans les bois seigneuriaux, les campagnards possèdent en propre une grande quantité de bois communaux ; soit qu'ils en jouissent de temps immémorial, soit qu'ils leur aient été abandonnés par des traités en bonne forme. Le revenu des forêts demeure, en bien des localités, si minime au XVIe siècle que ces « accords » ne sont pas bien onéreux au détenteur du fonds. En 1573, les herbes d'une forêt entière, celle de Fletz, en Limousin, ne sont affermées à nouveau que pour 10 sous et 2 poules (à peu près 7 francs par an). Le cens féodal des habitants de Chalonnet, en Franche-Comté, pour droit d'usage dans les forêts royales, ne s'élève en 1584 qu'à 6 centimes par personne.

Le seigneur de La Rochefoucauld avait « accordé à toujours » au XIIIe siècle, aux riverains de la forêt de La Boixe, en Saintonge, dont il était propriétaire, le droit de pacage à raison de 2 deniers — soit intrinsèquement 18 centimes — par chaque bœuf ou vache avec son veau. Il crut évidemment faire un bon marché, et les riverains crurent en faire un mauvais, puisqu'ils prétendaient avoir ce droit pour rien. Ils n'acceptèrent l'arrangement que parce qu'ils ne purent faire autrement, « n'ayant, disaient-ils, d'autre justice à laquelle il leur fût loisible de recourir. » Au XVe siècle les vassaux jouissent non seulement du pacage, mais aussi du chauffage dans la forêt ; un procès leur est intenté à ce sujet par les seigneurs, qui le perdent. Les juges transforment seulement les 2 deniers de jadis en une redevance de 36 litres de froment, à payer par chaque « laboureur à bœufs », *quel que fût le nombre de ses bestiaux*, et de 18 litres par chaque « laboureur à bras ».

En 1515, nouveau procès, puis en 1634, puis en 1740 ; chaque siècle voit renaître d'interminables litiges. La rente en nature avait été, dans l'intervalle, reconvertie en numéraire ; mais comme la dépréciation du numéraire était continue et que le prix du bois suivait une progression constante, elle était devenue presque nulle. En même temps la population augmentait ; par suite le droit d'usage devenait plus onéreux à celui qui le supportait. Au XVIIe, siècle une douzaine de paroisses envoient leur bétail à La Boixe ; chaque matin des caravanes de bœufs, de vaches, de porcs et de moutons se dirigent en longues files vers la forêt. Le seigneur trouvait toujours qu'on prenait trop de bois ; les usagers n'en avaient jamais assez. Pour 6 fours banaux, dont le revenu était insignifiant, on employait annuellement 70 000 fagots, qui très probablement ne servaient pas tous à cuire du pain. En 1759 La Boixe ne rapportait au propriétaire que 5 400 francs par an, et sa contenance était de 1

330 hectares.

Certes elle avait été dans le principe beaucoup plus étendue. Les cultivateurs ne se contentaient pas de tondre le sol forestier à mesure qu'il se repeuplait ; ils s'en emparaient tout doucement, d'âge en âge, et le défrichaient à leur profit personnel. Les « accrues », accroissements, ou, pour mieux dire, les empiétements des riverains étaient chose si prévue, si naturelle, que souvent dans des chartes on règle d'*avance* de quel seigneur ils relèveront. Rarement il arrive que le châtelain songe à placer des bornes, pour empêcher de nouvelles annexions du paysan. Les bornes d'ailleurs ne sont pas éternelles. S'il s'agit de biens d'église, les moines auxquels ils appartiennent, le receveur de l'abbaye, sont parents ou amis des paroissiens du voisinage. Ils ferment les yeux sur leurs main mises, timidement accomplies, sillon par sillon, ou font cause commune avec eux. Quand un supérieur plus attentif « blâmera » les « aveux », c'est-à-dire criera à la spoliation, il sera trop tard. Des procès nombreux nous révèlent que, depuis un temps infini, une lutte incessante se poursuit entre le château et la chaumière qui entame tous les jours la forêt, « laquelle, à chaque génération, perd plusieurs centaines d'arpents » (1482). L'homme d'épée accuse l'homme de bêche d'avoir transformé ici près de 1 500 hectares en terres labourables. Une fois défrichés, avec l'absence de cadastre, impossible de revendiquer les bois. Rongés par le bétail, hachés par la main de l'homme, les bords « abroutis » de la forêt étaient bientôt impuissants à se défendre contre la charrue, qui venait sournoisement par derrière. Ce fut ainsi que l'usage et le pacage eurent raison de centaines de milliers d'hectares.

De-ci, de-là, il est bien opposé quelque digue à ces envahissements, comme aux abus des usagers que l'on essaie de faire jouir en bons pères de famille. En certains cantons de l'Ile-de-France, les droits de pâture ne peuvent être exercés que dans les taillis âgés au moins de trente ans. On inflige à Gray, en Franche-Comté, une amende à deux hommes qui ont abattu un chêne « parce qu'ils le croyaient mort, tandis qu'il avait encore du vif. » Pour prévenir le gâchage, une transaction intervient à Allan, en Dauphiné, entre le seigneur et ses vassaux (1464), portant que nul ne pourra couper des poutres pour sa maison sans la permission du seigneur, *qui ne pourra la refuser*. Si, après avoir coupé ces poutres, il les laissait pourrir sur place, le vilain devrait en payer le prix à dire d'expert au profit de la commune.

Mais ce fut seulement au milieu du XVIe siècle, avec l'accroissement de la population, que les intéressés commencèrent à se préoccuper sérieusement de la déperdition inutile des arbres. Dans telle paroisse où, cent vingt ans auparavant, on reconnaissait à tout le monde le droit de couper du bois pour son usage ou *pour le vendre*, un accord de 1551 déclare que « ni le seigneur ni les habitants ne pourront en couper que pour leur provision et ustensile. » La durée du pacage est bornée alors en quelques forêts : il commencera au 15 mars pour finir au 1er octobre. A d'autres égards les déboisements, opérés sans aucune règle, avaient leurs dangers ; la population s'en apercevait. Le vice-légat d'Avignon défend, dans le Comtat-Venaissin (1595), « de dépopuler les bois et de faire aucun essart aux montagnes, attendu les grands dégâts que cela apporte au plat pays. »

Quelques gentilshommes, pour mettre fin à la communauté orageuse qui existait entre eux et les usagers, s'efforçaient de divorcer à l'amiable : le duc de La Trémoille offrait aux paysans de Benon de renoncer à leur droit sur la *totalité* de cette forêt, contre l'abandon en toute propriété d'une *partie* du sol (1599) ; mais tous les suzerains n'étaient pas aussi raisonnables. Puis, quand il s'agissait de traiter, de définir les droits réciproques, le campagnard sentait obscurément sourdre dans sa cervelle les prétentions inavouées des aïeux à la possession exclusive du bois, comme de la lande. La tradition confuse du communisme foncier, que pratiquent toutes les sociétés humaines dans leur enfance et dont tant de vestiges subsistaient encore, le rendait hostile au partage. « Nous avons des griefs au sujet des bois », disaient dans leur manifeste de 152a les paysans révoltés de l'Alsace, qui pourtant, moyennant quelques pfennings par arpent, jouissaient de très vastes superficies ; « nos seigneuries *ont usurpé les forêts pour elles seules*. Notre opinion est que tous les bois, aux mains d'ecclésiastiques et de laïques qui ne les ont pas acquis par achat, doivent *retourner* à la communauté. »

Un autre reste de ce communisme rural dont nous parlons était le droit de vaine pâture. On constate dans l'Europe du moyen âge, comme dans tous les pays à demi barbares d'aujourd'hui, une grande différence entre la propriété du bétail, qui est entière, et la propriété du sol qui est restreinte et bornée. Le maître d'une prairie n'avait droit qu'à la récolte du foin ; il n'était chez lui que pendant trois mois et demi par an, de mars à juin ; les coutumes fixent soigneusement les dates : ici le 1er mars, là le 8, ailleurs le 15. Sauf cette période, les prés appartiennent à tout le monde. Chacun peut y faire paître son bétail ; c'est pour les paroissiens un bien public, comme la grande route pour les citoyens d'un même pays. Une prairie ne pouvait donc jamais être enclose, du moins complètement, puisque la généralité des habitants, pendant huit mois et demi par an, devaient y avoir accès. Là-dessus l'opinion est aussi susceptible que la jurisprudence est formelle. Pour soustraire égoïstement quelques hectares à la communauté, il faut qu'elle y consente par une transaction spéciale, comme on en voit une à Taulignan entre le suzerain et ses vassaux, qui déclare « en défense » *toute l'année* le pré du seigneur « lorsqu'il sera clos ». Trop de gens sont intéressés à maintenir intact ce patrimoine pour qu'aucune infraction puisse passer inaperçue. Quelques propriétaires de Bort (Limousin) ayant enclos des prés en 1564, la masse des paysans leur intente un procès, « comme étant privés ainsi du droit de secondes herbes » ; et ces propriétaires s'empressent de déclarer, par acte notarié, « qu'ils n'entendent pas faire du *revivre* (ou regain) leur profit particulier », et qu'ils n'ont droit audit pré que depuis le 25 mars jusqu'à la récolte de la première herbe. Aux prairies s'ajoutent toutes espèces de pâtures, que l'on appelle « vaines, » — et qui effectivement le sont assez, il n'y pousse pas grand'chose, — les terres labourables après la moisson enlevée, les jachères, les friches, les landes et les marais.

Chacun peut seulement clôturer les alentours de sa maison, à la campagne comme à la ville, son jardin, son parc. En certaines provinces le laboureur a droit en plus à la retenue de 35 ares environ, à une « épargne » de prairie, voisine de son habitation. Sauf ces exceptions le sol, pendant la moitié ou même la totalité de l'année, s'il s'agit de terres au repos, reste banal. Le droit de vaine pâture n'est limité dans son exercice qu'en ce qui concerne le nombre des têtes de bétail que chacun peut ainsi envoyer chercher leur vie à travers champs : 4 bœufs par charrue en Languedoc, 4 moutons par florin d'impôt en Provence. Quelquefois ce n'est qu'à proportion de son bien personnel que l'on a part au bien commun. La vaine pâture est alors un mutualisme limité aux seuls propriétaires. Il est rare pourtant que les pauvres, quoique sans terre, n'entretiennent pas gratis une vache et quelques brebis.

Tantôt ce droit de vaine pâture est restreint à la commune ; on applique la règle du chacun chez soi en Bourgogne, Auvergne, Bourbonnais. Tantôt il comporte, entre communes voisines, une réciprocité assez étendue ; c'est le cas en Orléanais ou en Champagne. Mais partout, jusqu'à un temps très proche de nous, a subsisté cette idée que, si la culture des céréales exigeait la propriété individuelle, la jouissance collective du sol s'imposait pour la nourriture du bétail. L'agriculture contemporaine a fait justice de ce préjugé si bizarre, mais si puissant jadis qu'il était interdit de remettre en culture « une terre qui avait été une fois en nature de pré » ; le seigneur du lieu n'ayant pas plus de privilège à cet égard que le dernier des habitants. En effet, avec le système en vigueur, un propriétaire qui mettait sa prairie en labour frustrait toute la paroisse. Le labourage même ne doit pas se renouveler tous les ans : une culture intensive ne laisserait pas à l'herbe le temps de pousser dans les guérets entre les moissons d'été et les semailles d'automne.

Nécessaire pour assurer un supplément de subsistances, par un meilleur usage des biens-fonds, la révolution qui s'est opérée à cet égard dans les temps modernes constitua un incontestable progrès. Mais on doit remarquer qu'avec la propriété flottante et relâchée du moyen âge le non-possédant était chez lui à peu près partout ; tandis que, resserré ensuite entre des domaines jalousement exploités, celui qui n'eut pas quelque lopin en propre ne fut plus chez lui à peu près nulle part.

V

Quelle a été l'influence des corporations sur le salaire des ouvriers de métier ? C'est là une question qui se pose naturellement dans cette étude et dont l'intérêt nous semble d'autant plus vif que beaucoup de gens paraissent las, à l'heure actuelle, de la liberté du travail, telle qu'elle existe depuis cent ans, et recommandent la restauration, sous des noms modernisés, des pratiques socialistes de nos pères. L'histoire des corporations anciennes est faite. M.

Levasseur, dans le livre magistral qu'il a consacré aux *Classes ouvrières avant 1780*, a épuisé le sujet. Mais si le fonctionnement de ces pesants rouages nous est révélé dans tous ses détails, les conséquences qu'ils ont pu avoir sur le prix de la main-d'œuvre ne nous sont pas connues encore.

Il les faut étudier sans parti pris pour se convaincre de l'inanité des efforts tentés en ces matières par les pouvoirs publics du moyen âge et des temps modernes. Nous avons vu la loi économique gouverner en souveraine le taux des gages du journalier, du domestique, de toutes ces paires de bras que les Anglais appellent *unskilled* — sans capacités ni connaissances spéciales. — Mais c'étaient là, dira-t-on, des espèces faciles à vivre, qui ne savaient point résister au courant des choses, qui ne formaient ni association, ni confrérie d'aucune sorte. Or il résulte des chiffres recueillis par nous que les corporations plus ou moins fermées, avec leur cortège de règlements et les prérogatives dont elles s'étaient fait investir, *n'ont pas exercé d'influence sur le prix du travail*, ni aux temps féodaux, ni dans les derniers siècles. Les ouvriers de métier ont eu beau se grouper et se raidir dans leurs jurandes ; ils ont subi les mêmes vicissitudes que les malléables hommes de peine, isolés, désarmés, devant les mouvements de hausse et de baisse des salaires que causaient la rareté ou l'abondance des hommes.

Ni la puissance des rois, ni la coalition des intérêts savamment organisée en faveur des *beati possidentes*, ne sont parvenues à maîtriser la valeur de la main-d'œuvre. La proportion a été, à peu de chose près, la même autrefois qu'aujourd'hui : entre le salaire des journaliers ruraux et celui des ouvriers de métier ; entre les salaires respectifs des divers métiers (maçons, charpentiers, couvreurs, etc.) et par suite entre le nombre de ceux qui s'y adonnaient. Enfin il n'y a aucune différence appréciable, dans la rétribution de chaque corps d'état, entre les villes où ces corps d'état étaient libres et celles où ils étaient monopolisés. Les corporations ne mériteraient donc, à ce point de vue, — et ce point de vue est le principal, — d'une hausse artificielle des salaires, ni les éloges, ni les colères dont elles ont été l'objet de la part de certaines personnes qui n'en parlent que par ouï-dire, d'après des légendes non contrôlées. Doit-on attribuer cet insuccès aux ordonnances de *maximum*, que promulguait de temps en temps la puissance sociale, — monarques ou municipalités urbaines. — pour réduire la paye des « gens de métier » à de « justes limites », lorsqu'elle paraissait « exorbitante » ? Nullement. L'ingérence de l'Etat et en général de toute autorité constituée, les efforts faits, par voie coercitive, pour diminuer les salaires quand ils s'élevaient naturellement, ont été aussi peu efficaces que ceux des salariés pour les maintenir quand, d'eux-mêmes, ils tombaient. Peut-on croire cependant que les corporations, j'entends les corporations propriétaires exclusives, dans une certaine ville, d'une certaine branche d'activité manuelle, aient été une institution indifférente ? Non pas. Ces corporations, inspirées par un communisme assez étroit, par le besoin d'une farouche égalité, arrivaient en effet à empêcher personne de s'enrichir. Le souci d'un niveau à faire passer et repasser sur chacun de leurs membres remplit les ateliers du moyen âge. Les commerçants d'alors semblaient condamnés à vivoter à perpétuité. Malgré tout, les conditions humaines étant nécessairement instables, il se trouvait que les uns grandissaient, ne fût-ce qu'à force d'économie, et que les autres se ruinaient. Mais l'association, née d'une prévoyance et d'une jalousie mutuelles, avait pour but de faire marcher ses membres du même pas, de les faire flotter à la même hauteur, en interdisant par exemple aux « maîtres » d'occuper plus d'un ou deux compagnons, d'instruire plus d'un ou deux « apprentifs ». Ce système, qui s'opposait à la réduction des frais généraux, à la division du travail, qui paralysait les efforts d'innovation et d'amélioration et consacrait la routine, constituait dans son ensemble une entrave à la production ; et toute entrave à la production est une entrave au bien-être de la masse, dont les travailleurs font partie.

A ce titre, les corporations furent plutôt nuisibles au peuple des ouvriers. Ces derniers y gagnèrent-ils, comme consommateurs, une qualité meilleure dans les marchandises fabriquées ? La probité industrielle a-t-elle été plus grande dans les obscures échoppes de jadis que dans les gigantesques usines ou les magasins administratifs de nos jours ? Personne ne serait assez naïf pour le croire. Ces « chefs-d'œuvre » qu'il fallut exécuter, dit-on, pour accéder à la maîtrise, les jeunes gens aisés, après avoir esquivé tous les règlements d'apprentissage, les confectionnaient chez des patrons indulgents qui les laissaient aider ou les aidaient eux-mêmes, et, quelle que fût l'incapacité du candidat, le chef-d'œuvre dans ces conditions était toujours admis. Dès le XVIe siècle les « gardes » et « jurés » de ces petites églises aristocratiques se recrutaient entre eux, et les membres de ce conseil de surveillance, inaccessible au vulgaire, pouvaient impunément, à l'abri des visites et des saisies, débiter de la camelote. En somme, l'ancienne organisation du travail, malgré son appareil très compliqué, aboutissait pour les salaires à peu près au même résultat que la complète liberté contemporaine. La société on général éprouva, aux derniers siècles surtout, par le fait de ces restrictions chicanières, un préjudice difficile à chiffrer, mais réel. Les artisans n'en ressentirent, *directement*, ni avantage, ni inconvénient. Les ouvriers réunis en corporation, ai-je dit, n'étaient ni mieux ni plus mal rémunérés que ceux des professions libres. Rien de moins uniforme en effet que l'état de la France sous ce rapport ; à la campagne le travail demeura, jusqu'à la fin de la monarchie, aussi indépendant que de nos jours ; on voyait au XVe siècle des femmes employées comme maçons. Beaucoup de villes, et non des moins importantes, furent à cet égard semblables aux simples villages : Saint-Malo n'avait aucun corps de métier « juré », c'est-à-dire exclusif. Lyon, qui en avait eu jusqu'alors, fut, par lettres patentes de 1606, affranchie à jamais des maîtrises. Le contraire arriva plus fréquemment ; l'on transforma aux XVIe et XVIIe siècles, en corporations fermées, bien des métiers exercés au moyen âge sans aucune entrave. Le maire de Saintes érigea en 1600 la pharmacie en maîtrise ; le premier venu tenait auparavant, dans cette localité, boutique d'apothicaire. A Nîmes l'industrie était à peu près libre ; on n'y voyait que quatre ou cinq maîtrises au XVIe siècle ; de 1550 à 1640 il y fut créé trois corporations nouvelles. Durant le même laps de temps il en est créé vingt-huit à Bourges ; ce qui prouve qu'il n'en devait pas exister beaucoup avant. A Paris même, chef-lieu de la réglementation, où elle était le plus minutieusement usitée, bon nombre des associations que l'on voit au XVIIIe siècle avaient une origine récente. Il y eut ailleurs des confréries qui surgirent et disparurent dans la suite des temps, sans laisser de trace, après avoir passé tour à tour pour utiles et pour gênantes.

Si le régime corporatif avait eu les conséquences que l'on suppose, les ouvriers de métier eussent été autrefois beaucoup mieux payés que les journaliers ; et ils l'eussent été beaucoup mieux dans les villes où leur privilège les eût rendus maîtres des prix du travail que dans les localités où la concurrence était ouverte à tout le monde. Or rien de tout cela ne s'est produit. On évalue en 1896 le salaire du journalier non nourri à 2 fr. 50, celui du maçon à 3 fr. 40, celui du charpentier à 3 fr. 70, celui du couvreur à 3 fr. 50. Le maçon gagne donc un tiers plus que le journalier ; le journalier gagne les trois quarts du maçon. Eh bien ! cette proportion a été identique depuis six siècles. Malgré leurs variations respectives, qui élèvent tantôt l'un de ces salaires, tantôt l'autre, on peut les considérer comme demeurant en moyenne dans le rapport de 3 à 4.

Pour les maçons, du XIIIe au XVIe siècle, une observation est nécessaire : le mot de « maître-maçon » n'a pas alors la même signification qu'aujourd'hui. Il s'applique souvent à un entrepreneur de maçonnerie, à moitié architecte. Il s'ensuit que sa rémunération ne peut servir de base aux salaires des simples compagnons. Les maîtres sont des patrons, propriétaires d'un matériel dont la location est comprise dans leur salaire individuel. Il faut prendre garde aussi que parfois le terme « maçon » désigne un maître et parfois un compagnon, que le mot « aide-maçon » s'employait, ou pour un ouvrier véritable, ou pour un simple gâcheur de mortier, ou même pour le premier journalier venu, montant des moellons dans sa hotte. De tout cela résulte quelque confusion, parce que, dans ces essais de statistiques rétrospectives, on marche à tâtons, sans avoir pour guide aucune de ces vastes enquêtes, de ces innombrables tarifs, où les administrations modernes ont condensé les renseignements et établi des classifications multiples. On sait qu'à Paris, aujourd'hui, la journée de ceux qui collaborent à la maçonnerie d'un édifice varie de 5 francs, pour les garçons, à 12 fr. 50 pour les sculpteurs, en suivant une échelle ascendante depuis les « limousins » jusqu'aux « bardeurs » et aux « ravaleurs ». En province aussi et dans les campagnes, il y a des maçons à 5 francs et à 2 fr. 50, dont les derniers ne sont que simples manœuvres.

Aux XIIIe et XIVe siècles on rencontre des tailleurs de pierre parisiens payés 6 fr. 10 par jour et des « serviteurs de maçons » payés 2 francs, voire des apprentis gagés à 1 fr. 20 par jour. Dans la première moitié du XVe siècle, en pleine crise, il se produisit le même phénomène que pour le salaire des journaliers : on paie les bras plus cher parce qu'ils sont plus rares. Et ce phénomène se produit, pour les ouvriers de métier, avec plus d'intensité parce qu'il était moins aisé de parer à cette pénurie, et de confier à d'autres une besogne qui exigeait un certain savoir-faire. On vit ainsi, au milieu de la guerre de Cent ans, des maçons gagner jusqu'à 8 fr. 50 à Orléans, en 1429, au lendemain du siège que Jeanne d'Arc avait fait lever, jusqu'à 9 fr. 50 à Dieppe, jusqu'à 11 fr. 25 à Perpignan. Et, où l'on peut observer que seule la loi de l'offre et de la demande, et non les combinaisons factices des associations ouvrières, amène ces fluctuations, c'est quand on voit le maçon, payé 6 francs à Rouen, ville corporative, et 7 fr. 60 à Alihermont, commune rurale de la Seine-Inférieure dont les métiers sont accessibles à tout venant. En ce temps-là le maçon ne gagnait que 4 fr. 60 en Angleterre. Ce furent aussi les prix des journées du « maître-des-œuvres de maçonnerie », dans les villes que je citais tout à l'heure, aussitôt que l'état normal eut reparu.

Le salaire moyen des ouvriers maçons, pour les différentes provinces et pour l'ensemble de l'année, avait été de 4 francs au XIIIe siècle ; il s'abaisse à 3 fr. 45 de 1350 à 1300 et se maintient à ce chiffre pendant les vingt-cinq années suivantes. Puis, de même que celui du travailleur des champs, ce taux s'élève à la fin du XIVe siècle, sous l'influence de la dépopulation, à 4 fr. 16, et, dans la première moitié du XVe siècle à 4 fr. 60 ; enfin, en 1451-1475, à 5 fr. 20. Quoi de plus naturel qu'une hausse de la rétribution des ouvriers du bâtiment à l'heure où la France commença à respirer et à rebâtir ses maisons en ruines ? Quoi de plus probable ensuite qu'une multiplication du nombre de ces ouvriers, tentés par l'appât d'un gain exceptionnel et qu'une diminution de leur salaire provoquée par cette augmentation même de leur nombre ? Toutes les fois que l'on pourra discerner les causes des révolutions survenues dans le traitement des ouvriers en général, ou d'une catégorie d'ouvriers en particulier, on les trouvera purement mécaniques, pour ainsi dire, dominées par la force des choses, non par les artifices des intéressés.

On ne saurait nier qu'il y eut parfois pléthore et parfois disette dans tel ou tel corps d'état d'une ville ou de l'autre ; mais la faute n'en est pas imputable au régime des corporations, car les campagnes libres offraient souvent le spectacle d'une distribution aussi défectueuse, et aujourd'hui, sous l'empire d'une liberté absolue, cette accumulation d'un trop grand nombre d'hommes dans une même profession se rencontre encore : parmi nos 86 chefs-lieux de départements, les uns possèdent, par 10 000 habitants, 7 boulangers, les autres en ont 15, d'autres 30 et jusqu'à 40. Et ces localités, si diversement partagées, ne sont distantes que de quelques lieues les unes des autres, et celles où le chiffre des boulangers est proportionnellement le plus haut ne sont pas celles où la consommation du pain, par tête, est la plus forte.

La paie moyenne de 5 fr. 20 par jour pour les maçons, en 1451-1475, comprend des salaires de 11 francs, pour un piqueur de pierre du Roussillon, et de 3 fr. 25 pour un compagnon de Limoges. Notons en passant que ce chiffre, le plus bas de l'époque, diffère peu de notre salaire contemporain, Paris excepté. La journée de ce Limousin était exactement la même que celle de son congénère saxon, à une date peu éloignée (1492). Le maçon anglais gagnait alors le même prix que le nôtre — 5 fr. 20 — * d'après les recherches de M. Thorold Rogers ; et les chiffres fournis pour l'empire germanique par le docteur Janssen nous apprennent que le maçon autrichien était payé 4 fr. 70.

Avec le XVIe siècle commence la baisse des salaires, pour les maçons comme pour les manœuvres. La journée était descendue à 4 fr. 80 à l'avènement de Louis XII ; elle se réduit à 4 francs sous François 1er et continue de s'avilir jusqu'à la mort de Charles IX, où elle n'était plus que de 2 fr. 85. Ainsi, quoique les corporations se fussent multipliées de 1500 à 1600, elles n'avaient pas sauvé les artisans des « œuvres de maçonnerie » qui en faisaient partie, non plus que les ouvriers isolés de la campagne, des privations que leur imposait la baisse des salaires.

VI

Ce que nous venons de dire du maçon s'applique à l'ensemble des corps d'état du moyen âge. Si nous avons pris celui-là pour type, c'est que sa paie actuelle (3fr. 40) s'écarte peu de la moyenne des salaires ouvriers en 1896, dont le taux, d'après les statistiques officielles, est de 3 fr. 53 dans la grande industrie — comprenant 3 millions de personnes — et de 3 fr. 20 dans la petite industrie —

occupant 6 millions d'individus. — Cette profession nous a paru capable aussi de refléter plus fidèlement que beaucoup d'autres les variations séculaires que nous étudions, parce que la nature du travail ne s'y est guère modifiée. Quantité de besognes qui ont occupé les bras d'il y a cinq cents ans — ceux des écrivains, enlumineurs, potiers d'étain, tisserands, fileuses, etc. — n'existent plus ou sont en train de disparaître. Quantité d'autres ont tellement changé que l'on ne peut les comparer sincèrement aux anciennes ; elles exigent plus ou moins de force, plus ou moins d'intelligence que jadis. Tout ce que nous appelons « grande industrie » (métaux, mines, textiles) rentre dans cette catégorie. Il y a trois cents ans, toute industrie ne pouvait, légalement et matériellement, être que petite ; et parmi ces ouvrages qui composent notre « petite industrie » actuelle, il y a des métiers nouveaux — carrossiers, imprimeurs... — et des métiers transformés, bien qu'ils portent les mêmes noms : les vitriers contemporains n'ont vraiment rien de commun avec les verriers du XIVe siècle, dont la plupart étaient peintres, ni les tapissiers de 1896 avec les haut-liciers de 1500.

Les chiffres que j'ai recueillis sur les divers corps d'état de l'alimentation ou des tissus, de l'ameublement, de la métallurgie ou du bâtiment, suffisent d'ailleurs pour établir que leur rétribution était naguère, vis-à-vis les uns des autres, dans le même rapport qu'aujourd'hui. La moyenne en France — Paris non compris — est actuellement pour les charpentiers de 3 fr. 70, pour les couvreurs de 3 fr. 65, pour les peintres en bâtiment de 3 fr. 40. Ces diverses payes se rapprochent donc fort de celle du maçon. Il en était de même au moyen âge. De 1200 à 1350, les charpentiers gagnent 3 fr. 35 ; les peintres et couvreurs 4 francs ; dans la seconde moitié du XIVe siècle, les mêmes corps d'état reçoivent 3 fr. 50 et 3 fr. 80. De 1401 à 1450, les couvreurs, les peintres et les charpentiers touchent, à quelques centimes près, une rémunération identique à celle des maçons, 4 fr. 60 ; en 1451-1500, où les maçons avaient 5 francs, les peintres ont 5 fr. 60, et les charpentiers 6 francs. De 1501 à 1575, les charpentiers ont 4 francs, les peintres ont, ainsi que les maçons, 3 fr. 60. Enfin, de 1576 à 1600, ces divers ouvriers descendent presque uniformément à 2 fr. 80.

Comme ces moyennes, bien qu'issues d'un grand nombre de prix, ne peuvent être regardées que comme des indications utiles et non comme des résultats mathématiques, qu'il en faut par suite retenir uniquement les grandes lignes, on en peut conclure qu'il n'y a pas eu, depuis quatre, cinq et six cents ans, de changement dans l'appréciation sociale des services d'un couvreur, d'un peintre, d'un charpentier et que, malgré toutes les combinaisons féodales, malgré le morcellement des souverainetés et l'absence de communication des territoires, les besoins locaux avaient, pour se satisfaire, dosé et réparti d'eux-mêmes, sur chaque kilomètre carré, le nombre voulu de maçons, de charpentiers, de peintres et de couvreurs. Non certes que cette parité, cette proportion, soit immuable partout et toujours ; il se rencontre des charpentiers à 8 francs et des charpentiers à 2 fr. 50 ; il en est de même aujourd'hui, mais souvent les mieux rétribués travaillent dans des villages, les plus modestes dans des cités populeuses ; c'est la capacité de l'individu, la difficulté de l' « œuvre de charpenterie » à entreprendre, qui déterminent la quotité du salaire et non le taux artificiel imposé par une corporation quelconque. Ainsi, en 1500, un charpentier de Romorantin est payé 5 fr. 16, le même prix qu'à Orléans, ce qui semble naturel vu la proximité des lieux ; en 1530, le charpentier d'Orléans gagne 3 fr. 20, et à Romorantin, un *maître-charpentier* est payé 7 fr. 60.

Les oscillations que nous venons de suivre ont été supportées par tous les autres salaires ouvriers. Leur énumération serait insupportable si nous voulions les faire passer, les uns après les autres, sous les yeux du lecteur. Aussi bien pourra-t-on juger de la tendance qu'eurent ces rétributions multiples à se rapprocher du rapport qu'elles observent entre elles au XIXe siècle, tellement les lois mystérieuses qui règlent les prix sont fortes et durables. Il faut toutefois prendre garde de classer aveuglément les ouvriers du moyen âge d'après leur nom, parce que la signification de ces noms n'est pas toujours la même. Elle a changé en six siècles comme celle des noms de *facteur*, de *commis*, de *notaire*, de *domestique*, de *concierge*, de *sergent*, de *valet*, d'*écuyer*, de *physicien*, et comme le sens, l'acception de mille mots de notre langue et de toutes les langues. En Artois (1299) un « maître-peintre » est payé 6 fr. 40, un simple peintre 4 fr. 80, un *apprenti* 2 francs et un manœuvre broyant les couleurs 1 fr. 60. Cet *apprenti* gagnant ici 25 pour 100 de plus qu'un manœuvre devait déjà posséder quelque habileté de main. Le terme d'apprenti lui aussi a varié. Il ne s'appliquait pas exclusivement à l'espiègle et joyeux gamin qui symbolise aujourd'hui le type. C'était souvent, si l'on songe à la longue durée des apprentissages, un ouvrier capable.

De même voit-on des charrons à 2 fr. 70 en Normandie, tandis que pendant la guerre de Guienne, sous saint Louis, un autre charron est payé 10 francs. Ce ne sont pas seulement les risques à courir, ni le caractère éminemment provisoire de ce salaire qui en expliquent l'élévation, c'est que ce charron du XIIIe siècle est plus qu'un ouvrier, plus qu'un contre maître, c'est un patron. Un patron d'aujourd'hui ne travaille guère personnellement *à la journée*. Quand il le fait et qu'il se contente *pour lui-même* d'un salaire moyen, c'est à la condition d'être accompagné d'un certain nombre de compagnons, de « garçons » ou d'apprentis, dont il compte le salaire à son client plus cher qu'il ne le paie lui-même. Cette majoration d'un quart ou d'un cinquième de la journée de ses ouvriers, constitue la rémunération de son expérience, de sa responsabilité, l'intérêt de ses avances, de ses outils. Au moyen âge, où il n'y a aucun gros entrepreneur, il y en a beaucoup de petits. Quand ces petits industriels, ces « maîtres », vont en journée chez un particulier, l'usage est qu'ils ne prélèvent rien sur le salaire de leur personnel. Ce que paie le bourgeois pour le manœuvre, pour l'apprenti, est vraiment ce que reçoivent ces derniers ; mais le patron se fait payer *ouvertement* beaucoup plus cher.

Le boulanger, nourri, touche 1 fr. 30 à Poitiers, le pâtissier, défrayé de tout, reçoit 1 franc à Arras au XIVe siècle ; de même le boucher à Colmar. Ils avaient ainsi une paie un peu plus faible que le journalier nourri de la même époque à 1 fr. 26. Il en est de même en 1896, où le traitement des manœuvres nourris est de 1 fr. 50, tandis que la paie des bouchers et des boulangers n'est que de 1 fr. 31 et 1 fr. 35. Au XIVe siècle, comme d'ailleurs au XIXe, les corps d'état de l'alimentation, dont les membres sont engagés à l'année, prennent rang parmi les moins lucratifs ; boulangers et brasseurs, entretenus par leurs patrons, ne touchent pas en espèces plus de 1 fr. 80, au moment des plus forts salaires du XVe siècle.

Nous ne pouvons classer parmi les ouvriers ordinaires le tailleur des robes royales, sous Charles V, à 8 fr. 40 par jour ; c'est presque un fonctionnaire. Un couturier pour dames, un coupeur, pour mieux dire, employé par une princesse aux environs de Paris vers la même date, a 6 francs par jour ; ce sont là des privilégiés. Ils sont de beaucoup dépassés encore, au siècle suivant, par le tailleur ordinaire de monseigneur le duc de Bourgogne, le fastueux Philippe le Bon, dont la paie journalière est de 20 francs en 1424, tandis que le couturier d'un couvent de la Seine-Inférieure ne gagnait que 60 centimes. Entre les 20 francs de cet aristocrate du ciseau et les 60 centimes du modeste confectionneur des frocs de moines normands, il y a toute la distance qui sépare actuellement le coupeur anglais des maisons parisiennes du quartier de l'Opéra — à 10 000 francs par an d'appointements — de la petite « cousette » de nos fermes de l'Ouest, nourrie et invitée « es noces des filles », dont elle a fait le trousseau, mais payée seulement 50 centimes par jour. Le salaire normal du moyen âge nous est fourni par le tailleur à 3 francs par jour en Alsace, par le couturier de 2 fr. 80 à Dijon.

Parmi les ouvriers en métaux, le « premier maréchal du roi » et le fondeur de canons occupent au XIVe siècle le haut de l'échelle : tous deux gagnent 8 francs par jour. Les forgerons et maréchaux les plus ordinaires avaient seulement 1 franc, s'ils étaient nourris et occupés à l'année. A la fin du XVIe siècle le fondeur de Franche-Comté, un graveur de la monnaie à Bruxelles, nourris tous deux, ne touchaient que 1 fr. 40, tandis qu'au XVe siècle le simple forgeron, non nourri, était payé 4 fr. 50.

Un enlumineur et son « compagnon » se faisaient à Tours, sous Louis XI, 24 francs par jour chacun ; c'étaient des artistes sans doute ; car d'autres enlumineurs, nourris, ne reçoivent que 3 fr. 10 à Cognac, sous Louis XII, et un « écrivain » copiste, obtient seulement 2 fr. 20, lorsque le journalier nourri avait 1 fr. 80. Parmi les plus favorisés nous remarquons l' « artilleur » (fabricant de poudre) gagnant 11 fr. 50 à Nevers (1505), l'armurier « pileur de poudre à canon » payé 7 francs, le « huchier », sculpteur de coffres, recevant à Amiens 8 fr. 40. Au nombre des salariés moyens on peut classer l'ouvrier en orgues qui touche 4 fr. 40, d'autres ouvriers *nourris* tels qu'un pelletier au service de l'Hôtel-Dieu à 2 fr. 70 par jour, un peintre payé 2 fr. 40 pour lessiver les chambres de l'Hôtel de Nesle à Paris, un plâtrier à 2 fr. 20 ; tandis qu'au nombre des moins estimés l'on peut classer les matelassiers à 2 fr. 90 par jour *sans nourriture*, le paveur à 1 fr. 80. Mais quelque variées que soient ces besognes, lorsque l'on compare les gages du XVe siècle à ceux du XVIe, on s'aperçoit que, d'une date à l'autre, le loyer des bras, comme celui de l'intelligence, a baissé de prix. Tandis qu'un simple plafonneur avait 4 fr. 50 sous Charles VII, un tapissier peintre-décorateur n'a que 3 fr. 90 sous Henri III.

Nous avons constaté plus haut que le salaire de l'artisan avait été, de 1200 à 1600, à peu près dans la même proportion que de nos jours avec le salaire du journalier. Le premier gagne aujourd'hui 36 p. 100 de plus que le second ; or la différence moyenne des quatre siècles qui viennent de passer sous nos yeux a été de 39 p. 100. Cette prime de 39 p. 100, qui rémunéra la capacité de l'ouvrier de métier, est loin, il est vrai, d'avoir été invariable de Philippe-Auguste à Henri IV. Mais à travers les oscillations qu'elle a subies, nous pouvons discerner encore la loi inflexible de l'offre et de la demande. Si par exemple l'écart, après s'être réduit jusqu'à 20 p. 100 en 1326-1350, époque de la hausse continue des salaires ruraux, provoquée par le développement de l'agriculture, s'élève à 57 p. 100 sous Charles VI, au profit des individus possédant une éducation professionnelle, n'est-ce pas, au milieu du désarroi universel, la difficulté du recrutement et de l'apprentissage, par suite la rareté des ouvriers instruits, qui les fait renchérir ?

Comparerons-nous le salaire ouvrier du moyen âge au salaire actuel ? La rémunération annuelle calculée *sur 250 jours de travail seulement* débute au XIVe siècle à 782 francs et s'élève à 860, puis à 1 040 francs en 1376-1400. Au XVe siècle elle oscille entre 1 100 et 1 240 francs. Elle était donc incontestablement supérieure à la paie de 1896 qui, *pour un travail de 300 jours*, n'atteint que 1 020 francs par an. On objectera que ces fixations du chiffre des jours de labeur contiennent quelque part d'arbitraire, parce que toutes les professions subissent un chômage plus ou moins prolongé ; mais cette considération a peu d'importance dans une étude du genre de celle-ci. Si l'on adoptait le même nombre de jours, autrefois et aujourd'hui, l'avantage de l'ouvrier ancien serait seulement exprimé en argent au lieu de l'être en loisirs.

De 1 240 francs qu'il recevait en 1476-1500, — c'est-à-dire en espèces 20 pour 100 de plus qu'en 1896, avec 17 pour 100 de moins en efforts, — l'ouvrier tombe à 980 francs à la fin du règne de François Ier, puis à 750 francs à la fin du XVIe siècle. Pour avoir moins perdu que le journalier, qui, de Louis XII à Henri IV, était passé de 900 francs à 490, l'ouvrier d'état n'en avait pas moins subi une baisse de 62 pour 100 dans ses recettes. Et sa condition ne devait pas se relever, dans les deux cents ans qui séparent le début du XVIIe siècle de la Révolution de 1789, au contraire !

II. LES SALAIRES AUX TEMPS MODERNES

Dépossédé au XVIe siècle, par la crue de la population, du bien-être matériel dont il avait joui au moyen âge, le paysan français ne le recouvrera plus que de nos jours. De 1601 à 1790, il traversera de bonnes et de mauvaises périodes, il sera plus ou moins à son aise, puisque le salaire annuel du manœuvre, pour 250 journées de travail, évalué en *monnaie actuelle* d'après le prix de la vie, oscillera de 570 francs sous Henri IV à 410 francs sous Louis XVI, — il est aujourd'hui de 750 francs pour 300 journées de labeur, — mais il ne reverra plus ces rétributions de 870 et 900 francs par an qu'il avait eues sous Louis XI et Charles VIII, ni même ces 650 à 750 francs qu'il gagnait tout au long des XIVe et XVe siècles et qu'on lui allouait encore jusqu'à Henri II (1550). Le plus curieux est que, bien loin de profiter des progrès de l'agriculture, de la plus-value des terres, cette plus-value même et ce progrès semblent tourner à sa ruine, et qu'il est plus malheureux, à la fin de l'ancien régime, qu'il ne l'était durant la première moitié du règne de Louis XV ou au début de celui de Louis XIV.

I

Une des conséquences de cette plus-value des terres, qui rond leur possession plus précieuse et leurs propriétaires plus exigeants, plus attentifs à en recueillir tous les produits, à en tirer tout le parti qu'elles comportent, c'est la difficulté sans cesse croissante, pour le manant non propriétaire, de conserver intacts, aux XVIIe et XVIIIe siècles, les avantages que lui procurait jadis la jouissance des droits d'usage et de vaine pâture. Ces droits dont nous avons, dans le précédent article, fait connaître la nature et déterminé l'étendue, constituaient de vrais suppléments de gages. On ne doit évidemment pas en exagérer l'importance, surtout pour le simple journalier. Le temps que le « pauvre homme de labeur » ou le « laboureur à bras » passe, dans la forêt commune, à abattre, fagoter, charroyer du bois pour son hiver, est à déduire des 250 jours ouvrables qui composent son salaire annuel. De même s'il conduit sa vache, ses brebis, aux pâturages banaux. Il n'en est pas moins vrai que, dans un cas comme dans l'autre, à ce rural qui vient au monde dénué de tous biens, ou à peu près, qui ne doit compter pour vivre que sur l'effort de ses bras, la société garantissait une participation à la propriété foncière, qu'elle lui donnait gratis l'herbe et le bois.

Certes, pour profiter de ces avantages, la famille champêtre devait dépenser une certaine somme de travail ; mais elle est ici dans le cas de tous les détenteurs d'un petit lopin qui le font valoir eux-mêmes ; au salaire de l'exploitant elle joint la rente du sol. « Cette province étant presque toute en bois, disent au roi en 1614 les Etats de Normandie, les meilleurs et les plus assurés revenus qu'aient les suppliants sont les usages et droits de chauffage qu'ils ont dans lesdites forêts, ce qui les aide à nourrir leur famille… » Dans un procès au parlement de Paris (1628), où les défendeurs étaient un lot de campagnards riverains d'une forêt royale, qui avaient loué des bestiaux à cheptel et les nourrissaient au moyen du droit de pacage, l'avocat général Talon, concluant au nom du parquet en faveur de ces paysans contre l'administration forestière qui prétendait interdire cette pratique, s'écriait avec véhémence : « Cela va contre la liberté publique ! Il n'y a ordonnance ni règlement qui autorise cette rigueur ; au contraire ce serait priver le pauvre peuple de son vivre et le réduire à la mendicité ; d'autant que, chargés de tailles et impôts, ils n'ont d'autre substance que les pâtures, et il est raisonnable de leur donner moyen de subsister selon le lieu de leur demeure ! » Parmi les personnes incriminées était un fonctionnaire, — un « officier » en langage du temps : — Talon faisait, à son égard, une distinction et proposait d'être plus rigoureux pour lui que pour les villageois : « Il ne faut mêler, dit-il, la cause des pauvres avec la sienne… » ; ce qui montre quelle part avait alors, dans l'interprétation du droit d'usage, l'idée de charité, d'assistance, qui, au moyen âge, n'y apparaissait nullement.

Désormais ce n'est plus, comme aux périodes antérieures, par des chartes de concession, par des transactions et des accords assez bénévoles en somme, quoique au XVIe siècle les tiraillements eussent commencé, que ces droits d'usage et de pâture vont se révéler à nous ; c'est toujours et uniformément par des procès. Procès copieux, touffus et éternels. L'évêque de Dijon, qui plaide en 1640 contre ses vassaux de Saint-Seine, et qui qualifie leur cause de « méchante et déplorée », s'étonne qu'ils puissent trouver « un procureur assez processif pour occuper depuis trente ans contre un évêque. » Les habitants de Foiseul paient de temps immémorial quelques litres d'avoine et 2 sous par an et par feu, pour prendre du bois dans la forêt de ce nom. « Ils abusent, dit-on, étrangement de leur droit » : c'est du moins ce qu'on s : avise de leur reprocher, en 1665, car il est probable qu'auparavant ils en faisaient autant. On prétend qu'ils ont coupé en six ans un canton de bois suffisant pour quinze années. Un arrêt du parlement ordonna de leur livrer 252 hectares, qui devront leur suffire pour vingt-quatre ans. Ils ne s'en contentèrent pas, puisque le procès ne finit qu'au bout de cent quinze ans, et encore parce que « Sa Majesté leur fit défense de plaider davantage » (1778).

Les communautés déploient en effet une ténacité admirable pour le maintien de leurs prérogatives : les gens de Granselve assignent devant le parlement de Toulouse le cardinal de la Valette, pour l'obliger à « remettre en haute futaie certains terroirs » qui lui appartiennent ; « avec faculté pour eux d'y faire paître leur bétail et y couper le bois nécessaire pour leur chauffage et leurs constructions. » Leur entêtement à conserver le *statu quo* ne témoigne pas toujours d'une grande intelligence de leurs intérêts ; il leur fait respecter jusqu'aux ronces et entretenir jusqu'aux bruyères. Les paroisses voisines de Chinon protestent contre le défrichement de 365 arpents de bois, que l'on veut convertir en pré (1625), alléguant « qu'elles n'auront plus d'épines pour chauffer leurs fours. » On finit par défricher malgré leur opposition. Pour se venger, elles couvrent de 500 à 600 têtes de bétail les prairies nouvelles avant que l'herbe ne soit coupée et enlevée. C'est le point de départ d'un nouveau procès. Là même où personne ne les inquiète, où les bois leur appartiennent en toute propriété, les communes exploitent avec tant de profusion qu'elles se mettent elles-mêmes mal à l'aise. Un arrêt du parlement d'Aix prescrit aux paroisses qui n'ont pas assez de bois de « mettre en *défens* certaine portion de leur territoire », qui sera gardée par les *champiers*, — gardes champêtres,   nommés par les communes, et inspectée par les consuls.

Ces règles que la cour de Provence tentait ainsi, sous Louis XIII (1633), de faire observer aux usagers qui se pillaient eux-mêmes et réduisaient à presque rien, par l'abus, des droits énormes en apparence, ces règles protectrices du domaine forestier, Colbert allait, trente ans plus tard, les appliquer aux bois de l'Etat. Le ministre, dans un rapport détaillé, accusait au conseil royal telle communauté à laquelle les ducs de Bourgogne avaient, au XIIIe siècle, concédé des droits d'usage dans la forêt de Villiers-le Duc, d'avoir vendu et affermé à des tiers leur prérogative et d'avoir dégradé la forêt au point de n'y laisser que des *recrus* ou bois de recépage. Il proposait la dépossession pure et simple des bénéficiaires.

Sous l'influence des règlements nouveaux et surtout des idées nouvelles, la forêt publique ou privée cesse de plus en plus d'être cette bonne mère qu'un peuple de voisins, sous prétexte de *paisson*, de *glandée*, *ramage* ou affouage, gratte, rogne, taille et broute à l'envi les uns des autres : le tanneur y prenant des écorces, le boulanger des taillis, le potier du charbon. La forêt d'Orléans était grevée au XVIIe siècle de 133 concessions d'usage dont l'origine variait de l'an 1112 à l'an 1453, et dont beaucoup comprenaient en bloc trois ou quatre paroisses. Le procureur du duché avait pour lui seul 4 000 bûches et 1 000 fagots par an. Au XVIIIe siècle la lutte entre les usagers et le nu-propriétaire se poursuivit, tantôt ouverte, tantôt sourde, mais perpétuelle ; partout on limite, on resserre, on écorne le droit des premiers. Le commandeur de Malte, auquel appartient la forêt de Villejesus (Charente), dénie aux habitants le droit de jouissance, injurie leur syndic et les menace de les tuer s'il les trouve dans ses bois.

En présence du prix croissant du combustible, les communes se demandent si elles n'auraient pas plus de profit à faire des coupes régulières : les jurades de Châteauneuf-du-Rhône défendent d'abattre des arbres (1716), » attendu qu'une vente a rapporté 820 livres à la communauté ». Les bois que le seigneur de Taulignan (Drôme) possédait indivis avec ses vassaux, dont il leur avait, par des clauses expresses d'une charte de 1285, reconnu la libre jouissance, il demande en 1731 à ce qu'on en fasse le partage. De là procès ; après quatre siècles et demi de vie commune, le changement des conditions économiques provoque le divorce. Le litige est coûteux, les relations aigres, naturellement, comme entre gens qui s'envoient du papier timbré. En 1791, en 1793, des mémoires sont encore produits par les consuls contre les seigneurs ; les juges ont changé, la France se renouvelle, le sang coule, ces obstinés plaident toujours. Il y avait soixante ans que le procès durait.

Autre exemple en Saintonge, qui nous initie à ces revendications contradictoires : les habitants de la châtellenie de Mortagne sont, par une transaction de 1314, en possession de droits étendus dans les bois de ce domaine. En 1761 le prince de Lambesc, seigneur de Mortagne, voulut procéder à un cantonnement. Les manants s'y opposèrent avec la dernière énergie, parce qu'avec l'accroissement de la population la part de chaque famille, dans le morceau de forêt qu'on leur eût concédé, eût diminué sans cesse ; tandis qu'avec l'usage illimité c'était au domaine, c'est-à-dire au nu-propriétaire, qu'incombait le soin de fournir aux nouvelles consommations. Ils firent valoir que l'ordonnance des eaux et forêts de Colbert n'accordait au seigneur le droit de partage, — *de triage*, — que lorsque la concession du terrain était gratuite, sans aucune redevance, et lorsque *les deux tiers* suffisaient pour l'usage des paroisses, — preuve que ces deux tiers ne suffisaient pas toujours et que par conséquent le seigneur n'avait pas même un tiers. De plus « si les habitants paient quelque reconnaissance en argent, corvées ou autre, la concession, disait l'ordonnance, passera pour onéreuse et empêchera toute distraction au profit des seigneurs. » Ce furent ces clauses qui maintinrent beaucoup d'usages jusqu'à la Révolution. Or les vilains de Mortagne payaient 2 sous par an. Cependant le seigneur, après des « procédures très considérables » de ses gens d'affaires, « toujours enclins, disaient les vassaux, à persécuter le tenancier », faisait valoir que les usagers « commettaient des dégradations énormes, que leurs bestiaux ont rongé les taillis, transformés en broussailles ; que, par suite de leurs délits, les arbres sont devenus rares, partant chers, qu'enfin lui-même, quoique propriétaire, ne pouvait retirer aucun profit de ses forêts. »

A quoi les habitants ripostaient « qu'ils avaient toujours exercé librement leurs droits d'usage et pacage, qu'ils connaissaient parfaitement que l'intention de Monseigneur le Prince était d'accroître le revenu de sa terre, que, secondant cette intention, ils demandaient qu'on fît entre eux le partage » de ce territoire et offraient de payer 45 centimes par hectare de rente seigneuriale pour cette surface qu'ils défricheront. « Bien entendu ils n'entendaient nullement contester les droits de justice, chasse et féodalité à mondit seigneur le prince : au contraire s'y soumettre expressément. » Ces paysans laissent l'honneur et gardent l'argent : « justice » et « féodalité » ne sont que des mots à la fin du XVIIIe siècle ; pour la « chasse », il n'y aura guère de cerfs ou de chevreuils dans des champs de blé. Ce sont là fictions pures. Quant au revenu pécuniaire, ce bois de 1 400 hectares, à 45 centimes chaque, eût produit au suzerain 630 francs, c'est-à-dire une recette assez dérisoire.

Des difficultés analogues surgissent partout à la fin de l'ancien régime, et partout elles se terminent au profit général de l'agriculture et au préjudice particulier des usagers. Dans le cahier des doléances de Bretigny, pour les Etats généraux de 1789, les habitants de cinq- ou six paroisses, voisines de la forêt de Séquigny, réclament leurs droits « d'une antiquité immémoriale, confirmés par beaucoup de rois et par un arrêt du Parlement en 1318 ! » *Depuis vingt ans*, « ces malheureux ne peuvent plus avoir que le quart des bestiaux dont ils ont besoin, parce que les seigneurs puissants qui possèdent la forêt les intimident par des vexations et des procédés violents. »

Partout les tribunaux, guidés par l'intérêt de la sylviculture et sachant les cultivateurs peu soucieux de la conservation du fonds boisé, ont désormais une tendance manifeste à favoriser le propriétaire de ce fonds. Naguère, dit un curé normand en 1774, « mes pauvres avaient la faculté de faire un fagot de bois mort dans la forêt ; mais elle leur est totalement ôtée. » Dans le XVIIIe siècle finissant, les hommes sont volontiers « philanthropes » ; cependant les lois et les combinaisons sociales sont à coup sûr moins avantageuses au prolétaire que dans le moyen âge.

II

La même transformation tend à se produire dans la vaine pâture. C'est la multiplication des bouches à nourrir qui le veut.

On mangera peut-être moins de viande, mais ne faut-il pas avoir du pain ? Sous cette influence disparaissent les entraves apportées, par le communisme d'autrefois, à la propriété individuelle et ces mille pratiques socialistes par lesquelles, sans presque posséder de terre, les gens des champs pouvaient vivre de la terre, comme des seigneurs fonciers. Dans son *Théâtre d'agriculture*, à l'aurore du XVIIe siècle (1600), Olivier de Serres faisait remarquer « qu'avec peu de dépense le bétail s'entretient, eu égard à celle qu'il convient faire pour les blés et les vins ». Ce « peu de dépense » s'explique par le système d'autrefois, donnant à chacun l'illusion de croire qu'il nourrissait ses animaux pour rien, mais coûtant en réalité au corps social, par le gaspillage de terre qu'il occasionnait, beaucoup plus que les prairies particulières. Sous Henri IV, la « banalité » des pâturages demeure un dogme agricole, auquel nul n'oscrait toucher, pas même le souverain, sans provoquer d'amères récriminations. L'État ayant concédé, en 1613, à la comtesse de Soissons, les palus et marais des bailliages de Caen et Cotentin, la population, gravement lésée dans ce qu'elle estimait être *son droit*, formule nettement, dans ses réclamations réitérées, la théorie de ce droit telle qu'elle le conçoit : « Il est contre toute raison, Sire, voire contre le *droit des gens* de dépouiller un million de pauvres familles de telles possessions… ; la nature même a fait et créé palus et marais pour servir en commun aux habitants du pays. »

Vis-à-vis des particuliers qui seraient tentés de restreindre l'étendue des pâturages, ce n'est plus par voie de pétition, mais bien à force de sentences judiciaires que les paysans savent se protéger. Un arrêt du parlement de Toulouse maintient « les manants de Villeneuve-les-Maguelonne au droit de faire paître leur bétail dans toute la juridiction. » Défense à l'évêque de Montpellier, seigneur du lieu, d'inféoder les terrains dont il s'agit, lors même qu'ils pourraient être mis en culture. Ailleurs, les défrichements sont-ils déjà opérés, le tribunal décide « qu'il sera vérifié par experts si, en dehors des landes nouvellement converties en prairies, les landes conservées suffisent à la dépaissance des bestiaux ». Les taxes énormes qu'elles avaient dû payer pendant la guerre de Trente ans avaient forcé beaucoup de paroisses à vendre leurs droits d'usage. Un édit postérieur les autorisa à rentrer, par une sorte d'expropriation, dans tous ceux qu'elles avaient aliénés depuis 1620 ; un très petit nombre usa de cette faculté.

Le passage de l'ancien mode d'exploitation à un mode nouveau, qui devait être si fructueux dans l'avenir, amena une crise et eut tout d'abord, pour quelques pays, des conséquences désastreuses. En Provence, sous le ministère de Richelieu, on voyait une masse de paroisses vides, parce que la privation des usages avait forcé les cultivateurs à « déguerpir ». Ce n'est pas que les territoires banaux aient partout disparu ; l'intendant Basville, en 1698, cite une prairie communale qui avait cinq lieues de long sur une demi-lieue de large. Dans des pâtures semblables vaguaient des régiments de bêtes, non sans contestation fréquente entre leurs maîtres respectifs, entre les paroisses dont elles dépendaient. Avec les prairies artificielles commence, au XVIIIe siècle, la lutte de la vaine pâture contre le pré particulier. Le propriétaire de pièces ensemencées en sainfoin doit obtenir arrêt pour chasser les bestiaux que ses voisins envoient journellement chez lui. Dès 1750, les règlements de police rurale comprennent les luzernes et autres herbes fourragères parmi les terroirs qui sont toute l'année en « défens ».

Quoiqu'il reste, jusqu'à la fin de l'ancien régime, bien des paroisses où le *droit de parcours* subsiste dans son intégrité, où le sol est « en coutume générale », de jour en jour, dans l'ensemble du royaume, le domaine de la pâture vaine et vague se rétrécit. Un tribunal interdit, sous Louis XVI, à tous particuliers de posséder des bestiaux « sans avoir au préalable justifié qu'ils possèdent des pâtures suffisantes ». C'était proprement le contraire de l'ordre de choses préexistant. Peu à peu, par des ordonnances multipliées, malgré les communautés qui se rebiffent, les possesseurs de prés obtinrent de s'en réserver le regain, de ne plus les livrer au public qu'au moment où il n'y avait plus rien à tondre. Des arrêts du Conseil d'Etat accordèrent des privilèges au défrichement, à la mise en rapport des landes. Un édit de 1769, abolissant le droit de parcours en Roussillon et permettant d'enclore « les terres, champs et héritages », résume bien, dans son exposé des motifs, les idées toutes nouvelles des pouvoirs publics, soutenus ici, encouragés par l'opinion : « Le parcours, dit-il, qui à l'origine ne pouvait avoir lieu que dans les terres incultes ou dans les communaux, a été étendu par succession de temps à toutes les propriétés particulières. » — C'était, comme on vient de le voir, absolument faux ; loin de s'accroître, il avait diminué. — « De sorte que les héritages, qu'il n'est pas permis de clore, sont pour ainsi dire au premier occupant ; parce que les troupeaux, même ceux des simples tenanciers, jouissent de la faculté d'y entrer indistinctement. »

La vaine pâture ne disparut pas aisément, ni en France, ni dans le reste de l'Europe. Ce n'est que, depuis quelques années, par la loi du 9 juin 1889, que le droit de parcours, tel que l'entendaient nos pères, a été définitivement aboli ; il n'en subsiste plus que des vestiges. Il y a cent ans, quoique la révolution agraire fût nettement dessinée, le monde officiel n'était pas sans en appréhender l'issue : « Les défrichements des pâtures ont enlevé beaucoup de subsistances aux animaux, dit un mémoire de 1788, le gouvernement trouverait aujourd'hui utile de les restreindre. » Il est certain que la viande avait sensiblement renchéri dans la seconde moitié du XVIIIe siècle ; seulement il est douteux que ce fût à cause de la diminution du nombre des bestiaux. Ce pouvait être aussi bien à cause de l'augmentation du nombre des hommes. En tout cas les bœufs et les moutons livrés à l'alimentation sous Louis XVI étaient beaucoup plus gras que ceux du temps de Louis XIV ou de Henri IV, tandis qu'entre le poids des moutons ou des bœufs du XVIIe siècle et celui des mêmes bêtes au moyen âge, il n'y a pas grande différence. La preuve de cette assertion nous est fournie par le rapport entre *le poids vif* de l'animal, aux diverses périodes qui font l'objet de cette étude, et le prix du kilogramme de *viande au détail*. Ceux à qui le défrichement des pâtures « avait enlevé beaucoup de subsistances » n'étaient pas, comme le pense le rédacteur du mémoire de 1788, les animaux de ferme, mais bien la masse des demi-prolétaires ruraux.

III

En même temps que disparaissaient les subventions sociales, qui jusqu'alors avaient formé un appoint des petits budgets de la campagne, le salaire, qui en faisait le fonds principal, montrait, dans les derniers vingt-cinq ans de la monarchie, une tendance marquée à décroître, — le salaire *réel* s'entend, — puisque les dépenses de l'ouvrier augmentaient tandis que ses recettes demeuraient stationnaires.

Sous Henri IV et au début du règne de Louis XIII, la paye quotidienne du journalier français avait été supérieure à celle de la fin du XVIe siècle : 2 fr. 28 en 1601-1625 au lieu de 1 fr. 95 en 1576-1600. En Angleterre elle avait été en moyenne de 2 fr. 40 de 1583 à 1622. La condition du salarié empira sous Richelieu et Mazarin :

de 2 fr. 28 la journée baissa à 1 fr. 85.[1] Dans les 25 années suivantes (1651-1675) elle tomba à 1 fr. 60 ; soit, pour 250 jours de travail 400 francs par an, tandis que le même labeur représentait, en 1610, 570 francs. Pendant le dernier quart du XVIIe siècle le manœuvre fut un peu plus à son aise, par suite de l'abaissement des prix du grain ; le contraire arriva aux propriétaires fonciers ; la baisse des terres à cette époque ayant été la conséquence de la baisse des denrées. De 3 fr. 60 par jour sous Charles VIII le salaire du journalier était ainsi descendu, dans les années prospères pourtant, du ministère de Colbert, à 1 fr. 60. Cette remarque suffit à mesurer la chute du paysan, depuis le développement de la population à la fin du XVe siècle.

Boisguillebert estimait en 1700 la journée du travailleur rural à 1 fr. 28 ; Vauban la portait à 2 fr. 17. Effectivement ces deux chiffres se rencontrent ; il s'en rencontre même de plus bas, — un journalier de Mende n'a que 88 centimes, — et de plus hauts — un cribleur de grains à Soissons reçoit 3 fr. 20. Si nous l'avons évaluée à 1 fr. 85, sous le ministère de Louvois, d'après un grand nombre de prix provenant de diverses provinces et payés en diverses saisons, c'est en nous efforçant de formuler le *salaire moyen de l'année*. C'est ainsi que les salaires élevés des moissons, des vendanges, des labours, qui abondent dans les comptes de ménage d'autrefois, n'enflaient pas la poche du paysan dans une forte mesure, parce qu'ils n'étaient payés que durant quelques semaines. On ne doit pas leur attribuer, dans les moyennes, plus d'importance qu'ils n'en ont eu dans la réalité de la vie.

La journée remonta de quelques centimes sous la régence du duc d'Orléans, et haussa encore durant le ministère de Fleury jusqu'à 2 fr. 04. Quoique les traces des années de misère de la fin de Louis XIV fussent à peu près effacées, la population demeurait sans changement ; même elle avait une tendance à la baisse et pourtant l'agriculture était en reprise ; le blé était donc à meilleur marché qu'il n'avait été précédemment. Dans la période 1751-1775 le chiffre des habitants s'accroît, le journalier n'est plus payé que 1

---

1 Ces chiffres, ainsi que tous ceux qui vont suivre, sont traduits en monnaie actuelle en tenant compte de la valeur intrinsèque de la monnaie ancienne et du pouvoir relatif de l'argent, d'après le prix de la vie : ainsi, en 1610, 6 sous 6 deniers valent 76 centimes et 76 centimes de 1610 correspondent, multipliés par 3, à 2 fr. 28 centimes.

fr. 75 ; il le sera moins encore sous le règne de Louis XVI : 1 fr. 64. Il n'y a pas, dans toute notre histoire, un moment où les terres aient été mieux cultivées, où jolies aient valu davantage et il n'y en a guère où la condition du campagnard ait été pire. Il est juste d'ajouter qu'il n'y a pas non plus une seule époque où la population ait été aussi dense qu'au moment de la Révolution.

Dans ses *Recherches sur les finances* Forbonnais appréciait vers 1750 la journée du manœuvre à 86 centimes ; c'est à ce chiffre aussi que nos moyennes fixent le salaire du journalier nourri pour la fin du règne de Louis XV. Il ne l'atteint pas partout ; dans l'Indre, dans les Deux-Sèvres il n'obtient que 51 et 63 centimes. De 1776 à 1790, où le journalier nourri reçut en général 90 centimes, ce prix, rarement dépassé en été, n'était presque jamais atteint en hiver. Sans nourriture il gagnait, comme on vient de dire, 1 fr. 64 ; si le moissonneur de Lorraine atteint 2 fr. 32 et le vendangeur de Nîmes 2 fr. 70, le manœuvre de Bourgogne n'a que 1 fr. 08 et celui de Berry que 94 centimes par jour. Ces prix, inférieurs à ceux de l'Angleterre, étaient supérieurs à ceux de l'Italie du Nord où la terre avait cependant beaucoup de valeur : l'ouvrier rural n'avait que 1 fr. 22 à Turin, pendant la belle saison ; il se louait à Milan pour 0 fr. 70 en hiver.

Un général français écrivait de Pignerol à Richelieu : « On nous débauche les paysans que nous levons pour les faire travailler à la campagne, si dépeuplée qu'on donne à un journalier un tiers plus qu'il n'en coûte au régiment. » Il arriva en effet plus d'une fois, au XVIIIe siècle comme au moyen âge, que la diminution du nombre des bras fut profitable aux individus valides qui restaient. Triste profit né de malheurs excessifs. Au XVIIIe siècle la paix et l'extension de la population amenèrent un autre genre de malaise : celui des pays qui ont plus de monde qu'ils n'en peuvent occuper, celui de l'Irlande actuelle. Il y a cent ans, les trois quarts des habitants des Hautes-Alpes s'expatriaient pendant six à sept mois d'hiver pour gagner leur vie ailleurs ou mendier. Les gens de Limousin et d'Auvergne allaient, dit l'intendant, servir de manœuvres en Espagne afin d'avoir de quoi faire subsister leur famille. En pays vignoble, chaque année, « les vignerons sont en partie réduits à l'aumône durant la saison morte. »

Si l'on parcourt les enquêtes faites par l'autorité civile ou ecclésiastique, les rapports des intendants de provinces sous Louis XVI, les cahiers de doléances des paroisses en 1789, les renseignements sont lamentables, la misère de la France semble inouïe. Pour peu que l'on soit familier avec les documents de l'ancien régime, en ce genre, on sait qu'ils sont fort pessimistes. Ceux à qui le gouvernement demandait des statistiques, craignaient toujours qu'il ne s'agît d'une imposition nouvelle à établir, et, dans le doute, ils jugeaient prudent de pousser au noir et de crier famine par avance, pour réclamer après plus efficacement. Il ne faut donc pas prendre trop au pied de la lettre les appréciations qui ont été publiées par divers auteurs. Seulement il est évident que le travail est, à la fin du XVIIIe siècle, plus offert que demandé ; et cela est évident par le bas prix de la journée du manœuvre.

Cet état de choses subsista durant la Révolution ; nous pourrions même observer, si le XIXe siècle ne sortait du cadre de cet article, que, sous la restauration et au commencement du règne de Louis-Philippe, les salaires, *eu égard au prix de la vie*, n'étaient pas sensiblement plus avantageux qu'en 1789. L'augmentation est récente et date du développement de l'industrie. En 1838, dans l'Indre, on ne payait les nommes que 85 centimes en hiver, 1 franc en été et 1 fr. 25 pendant la moisson. De 1820 à 1830 les journaliers gagnaient 75 centimes en hiver, 1 fr. 50 en été ; et jusqu'à 1800 les manœuvres nourris, en Bretagne, ne touchaient qu'un salaire de 60 centimes.

De semblables chiffres se retrouvent facilement aujourd'hui sur la surface du globe ; je ne dis pas dans des contrées à demi barbares, — les ouvriers indépendants qui travaillaient il y a une dizaine d'années à la construction du chemin de fer de la Caspienne à Samarkand gagnaient 25 centimes par jour ; — mais, en Egypte, où la terre se loue, impôt déduit, une vingtaine de francs l'hectare, où l'hectolitre de blé vaut 12 francs, les terrassiers sont payés seulement 70 centimes par jour. Le rapport de ces trois prix est à peu près le même que celui qui existait en France au moment de la Révolution : l'hectare étant affermé 52 francs, l'hectolitre de blé valant 29 francs, et la journée étant payée 1 fr. 64, le tout en monnaie de nos jours.

Un second élément sert à apprécier le prix de la main-d'œuvre dans son expression la plus simple : les gages du domestique.

Payé à l'année, sur des bases différentes de celles du journalier, le travail du domestique de ferme fournit un point de comparaison et par conséquent de contrôle pour les chiffres qui précèdent. Ces gages furent en moyenne de 189 francs sous Henri IV, de 172 fr. sous Louis XIII, de 160 francs sous Louis XIV ; ils oscillent entre 254 francs, prix payés à un charretier de Sens, jusqu'à 70 francs, gages ordinaires des valets de labour en Berry. Mêmes disparates au XVIIIe siècle entre un charretier, au service de l'archevêque de Rouen, gagé 285 francs sous Louis XV, et un domestique de Saint-Amand, dans le Cher, à 33 francs par an. L'habillement, lorsqu'il est fourni en nature, est estimé 18 francs. En moyenne les gages furent de 175 francs sous Louis XV, de 160 francs sous Louis XVI.

Quant aux domestiques attachés, dans les villes ou les campagnes, au service personnel d'un maître, leurs gages demeurent, aux XVIIe et xviii» siècles, de même qu'ils l'avaient été au moyen âge, inférieurs à ceux des serviteurs employés à l'exploitation rurale. Le fait mérite d'autant plus d'être noté qu'il est précisément le contraire de celui d'aujourd'hui. En J896 on évalue le salaire du domestique de ferme à 350 francs, celui du domestique d'intérieur, — hors Paris, — à 370 francs. Sous Henri IV le traitement de ces deux catégories est identique, sous Louis XIV les ruraux gagnent 160 francs, les citadins 140 francs ; la proportion, reste constamment favorable aux premiers jusqu'à 1790, 150 fr. contre 117 francs sous la Régence ; 173 francs contre 138 francs au milieu du règne de Louis XV.

Je laisse de côté, il est vrai, parmi les gages de cette nature, les privilégiés qui, dans les grandes maisons, sont chargés de besognes spécialisées : si le chef de cuisine d'un évêque a 600 fr. celui de l'hôpital Saint-André à Bordeaux n'a que 186 francs ; si le cocher d'un financier notable a 540 francs, un postillon, au service d'un maître de poste, n'a que 57 francs de fixe ; sans doute y joint-il quelques pourboires. Enfin si le suisse d'un grand seigneur a 300 francs, le portier d'un couvent de Nîmes n'en a que 75. Il convient, pour les mêmes motifs, d'écarter les gardes forestiers, dont la rémunération en argent se complète de divers avantages en nature : il est des gardes-chasse depuis 360 francs jusqu'à 175 francs, même aux environs de Paris.

Ce sont les domestiques de la bourgeoisie urbaine, commerçants, fonctionnaires et gens de justice, ceux des hobereaux vivant sur leurs petits fiefs, de la foule enfin des particuliers qui se font servir par autrui, qu'il nous faut envisager. Que les « grands laquais du corps » chez la reine aient 1 350 francs par an, que le valet de chambre d'un seigneur en ait 1250, ou même qu'un laquais de bonne maison atteigne 900 francs au moment de la Révolution, — le valet de pied gagnait 640 francs en Italie, — le valet *moyen* le plus favorisé gagne 375 francs, comme celui du poète Malherbe ; les moins heureux, chez un magistrat de Saintes, chez un gantier de Limoges, chez un curé de Normandie ou de Champagne, touchent une centaine de francs, et ceux-là sont les plus nombreux. A la Tour-d'Aigues, en Provence, A. Young payait son valet 270 francs ; était-ce en qualité d'étranger ? Le fait est que la municipalité de Draguignan, en 1790, n'évaluait leurs gages qu'à 180 francs.

Pour coûter moins cher, ces domestiques d'autrefois, sur le compte desquels on nous a servi plus d'une légende, n'étaient ni meilleurs ni pires que ceux de nos jours. Dans les villes, dit un de nos contemporains, prôneur acharné du *bon vieux temps*, « la séparation entre maîtres et domestiques s'est accentuée surtout à partir de 1789, depuis que les lois ont proclamé l'égalité de tous les citoyens ! » Cette opinion, historiquement, est peu fondée. S'il y a séparation, c'est au profit du domestique dont la dignité a grandi. Son maître ne le tutoie plus, ce dont il est présumable que le serviteur se console ; en tout cas, il ne le bat plus. Il n'est pas de rentier actuel qui se permettrait de rosser ses gens, comme il arrivait à des personnages, d'ailleurs débonnaires, sans que la chose tirât à conséquence. Le roi Louis XIV, homme de si bonne compagnie, ne se gêna pas pour casser sa canne, dans un moment d'impatience, sur le dos d'un « valet du serdeau » qu'il aperçut volant une pêche. Il est au XIXe siècle des domestiques excellents, fidèles et même héroïques, puisqu'on en récompense tous les ans qui servent, pour l'amour de Dieu, des maîtres tombés dans le malheur. Aux admirateurs systématiques du passé, je recommande la lecture des plaintes adressées en 1579 par les bourgeois d'Alsace à leur gracieux soigneur : « De nos jours, disent-ils, les domestiques poussent si loin leur esprit d'indépendance et d'insolence, qu'ils refusent d'obéir non seulement à leurs maîtres, mais à l'autorité publique. » Et ce sont d'aigres jérémiades sur leurs prétentions intolérables pour les gages, sur la paresse, les débauches des valets et des servantes auxquelles on ne peut mettre un frein.

Le *Ménagier de Paris*, au XIVe siècle, se plaint amèrement des serviteurs et de l'impossibilité où l'on est, sous Charles V, d'en trouver de bons. Et au début du XVIIe siècle, Olivier de Serres déplore l'arrogance des domestiques des champs, « habitués en tous vices et désordres. J'estime, dit-il, que le plus fâcheux de la rustication est de se faire bien servir, sans laquelle difficulté la culture serait la plus plaisante chose du monde, si on pouvait recouvrer des gens propres et affectionnés comme il appartient. » Aux domestiques de haute volée, il y avait encore plus à redire que pour les rustauds valets de la ferme. La « livrée » des villes, celle de Paris notamment, était une des pires espèces du monde ; la troupe des filous et des coupeurs de bourse se recrutait journellement, — les rapports de police sont unanimes aie constater, — parmi ces beaux laquais galonnés, si prompts à dégainer dans les carrefours en l'honneur de leurs maîtres.

L'inconstance de ceux que notre siècle appelle les « gens de maison », leur facilité à changer de places, amenait les bourgeois, il y a cent et cent cinquante ans, à faire avec eux des baux comme avec les fermiers. Il en est qui « s'accueillent », — c'est le terme consacré dans l'Ouest, — pour deux ans, avec promesse de ne pas demander d'augmentation. Aux yeux de beaucoup la domesticité n'est qu'un état de transition : l'un s'enrôle contre les Impériaux, l'autre part dans un vaisseau contre les Turcs. Il n'est pas rare de voir le maître, en les engageant, leur promettre, par contrat verbal ou écrit, de leur payer l'apprentissage de quelque métier. S'il ne l'a pas promis il le fait quelquefois par charité à sa mort. Cet apprentissage est une libération. L'ouvrier d'état était en effet plus heureux que le domestique. A l'égard du simple journalier, la situation qui nous est apparue, dans la période 1200 à 1600, s'est un peu modifiée dans les temps modernes. Manœuvre à la journée, serviteur à l'année, ont vu tous deux leur salaire diminuer de moitié environ, depuis le commencement du XVIe siècle. Tous deux sont par conséquent moins à leur aise, moins en mesure de réaliser des économies aux XVIIe et XVIIIe siècles, qu'ils ne l'étaient aux XIVe et XVe, et le labeur du domestique continue à être proportionnellement moins rétribué que celui du journalier.

Leur condition paraît toutefois tendre à se rapprocher : au XIVe siècle le manœuvre *nourri* gagnait, en 167 jours, une somme équivalente au salaire annuel du domestique ; au XVIe siècle il lui suffisait de 158 jours pour atteindre les gages du serviteur ; parce que les gages annuels de l'un s'étaient réduits encore davantage que la paie quotidienne de l'autre. Aux temps modernes 185 jours du travailleur nourri sont nécessaires pour représenter le salaire du domestique. La distance est plus faible, puisque, sur ses 250 jours de labeur, il restait au manœuvre nourri du moyen âge 88 jours pour payer son loyer, son chauffage et son éclairage ; tandis qu'il ne restait, pour ces trois dépenses, que 65 jours au manœuvre du siècle dernier.

Aujourd'hui la proportion s'est complètement retournée en faveur du domestique : des 300 journées de travail du manœuvre nourri de 1896, à 1 fr. 50 chaque, le salaire annuel du domestique de ferme, évalué à 350 francs, en représente 233. Le dernier est donc beaucoup mieux traité que l'autre. L'élévation des gages de la domesticité, conséquence du peu de goût des salariés pour le service personnel, est d'ailleurs un des caractères qui marquent, en notre siècle, le progrès de la démocratie. Elle témoigne de l'autorité toute-puissante que possède cette loi inéluctable de l'offre et de la demande. Voici une catégorie de gens qui n'ont jamais fait parler d'eux depuis cent ans, qui n'ont jamais songé à la grève, et dont le salaire a plus que doublé. *Intrinsèquement* leurs gages étaient de 80 francs il y a un siècle ; ils sont de 350 francs aujourd'hui ; et l'augmentation du prix de la vie ne les touche aucunement, puisqu'ils sont défrayés de tout. Une seule dépense les intéresse : celle du vêtement, et elle n'a cessé de décroître. La demande de domestiques a-t-elle augmenté avec les progrès de l'aisance, qui ont permis ce genre de luxe à un plus grand nombre de citoyens ? L'offre au contraire a-t-elle diminué ? En l'absence de statistiques comparatives, il est impossible de le dire. C'est malgré tout la dernière hypothèse qui paraît la plus probable. En Angleterre, il y a soixante ans, on comptait 1 million de domestiques sur 24 millions d'âmes ; en 1881 la population de la Grande-Bretagne était passée à 35 millions, le nombre des domestiques ne s'était accru que de 250 000.

Pour n'avoir pas profité d'une augmentation de recettes

aussi exceptionnelle, puisqu'elle ne correspond à aucune augmentation de dépenses, les journaliers n'en ont pas moins vu leur budget grossi de plus des quatre cinquièmes : de 410 francs (pour 250 journées de travail à 1 fr. 64) à 750 francs (pour 300 journées à 2 fr. 50). C'est un gain positif de 340 francs, soit 82 pour 100 depuis la Révolution.

On objectera que, cette amélioration de son sort, le journalier la doit en partie à ce qu'il travaille cinquante jours de plus par année, qu'il a de ce chef une vie plus dure que sous l'ancien régime ; mais on doit considérer que les loisirs n'ont de prix, pour la classe laborieuse, qu'à la condition de ne pas diminuer son bien-être au-delà de certaines limites. Le paysan de 1790, auquel son salaire ne procurait qu'une existence très misérable, aurait sûrement accepté avec joie cinquante jours de labeur supplémentaire. Si le loisir volontaire est une jouissance, le chômage forcé est une souffrance. On en arriverait autrement à proférer cette absurdité : que les ouvriers les plus heureux sont ceux qui ont le moins d'ouvrage.

IV

Tout ce qui vient d'être dit du salaire des hommes, dans les deux siècles qui ont précédé le nôtre, s'applique à celui des femmes. Sous Henri IV la paie quotidienne des journalières non nourries, qui s'élevait à 1 fr. 35, égalait comme aujourd'hui les trois cinquièmes de celle des manœuvres. Elle descendit sous Mazarin et Colbert à 1 fr. 10, représentant 68 pour 100 de la rétribution masculine. Dans les dernières années de Louis XIV elle s'abaissa encore, remonta sous Fleury, et se trouvait de 1 franc par jour en 1789. Si l'on en croit les chiffres de l'enquête faite par les municipalités en l'an II de la République, le salaire des femmes employées aux travaux des champs eût oscillé entre un maximum de 1 fr. 15 et un minimum de 68 centimes. Lorsqu'elles étaient nourries, elles ne recevaient en numéraire que 54 centimes et les moins fortunées n'avaient pas plus de 28 centimes par jour.

Les gages des servantes nous font voir aussi que le salaire du sexe faible était à meilleur marché sous Louis XVI que sous Henri IV. Après avoir été de 126 francs en 1601-1625, après s'être abaissée à 90 francs sous Colbert, la moyenne de ces gages, qui s'était relevée à 105 francs, retombe à 84 francs à la fin de l'ancien régime. Un humoriste, contemporain de Louis XIII, estime qu'une servante de bourgeois, une « bonne à tout faire » peu scrupuleuse, comme il les accuse de l'être toutes, peut atteindre avec les profits illicites, — si elle s'y prend bien pour « ferrer la mule », ce que nous appelons « faire danser l'anse du panier », — un magot annuel de 444 francs. Je n'entreprendrai pas de suivre dans ses calculs mon prédécesseur en statistique ouvrière. On a vu le sentiment de nos aïeux sur les vertus et la moralité prétendue des domestiques d'autrefois ; il est seulement probable que le tiers état du XVIIe siècle savait défendre sa bourse et que le chiffre présumé de ces bénéfices est de pure fantaisie. Pour le comparer au bénéfice actuel, il faudrait connaître le produit du « grattage » ou « coulage » analogue dans un petit budget parisien, et qui pourrait le dire ?

A parler sérieusement, à considérer les gages payés par les maîtres, citadins ou ruraux, — les uns et les autres sont ici confondus, — on remarque que, selon la capacité et la province, les chiffres varient de 168 francs pour la bonne du curé de Brétigny, de 204 francs pour une « fille de chambre » entendue, de 180 francs pour une « maîtresse-servante » de ferme en Artois, jusqu'à 85 francs pour la servante d'un bourgeois de Chartres et même jusqu'à 42 francs pour celle d'un notaire des Deux-Sèvres. Au moment de la Révolution, la rétribution allait de 40 francs à 120 pour les femmes dans la force de l'âge, sans spécialité déterminée. Pour les nourrices, elles varient de 200 francs à 60 ; l'hospice des Enfants-Trouvés, à Paris, paie les siennes 175 francs sous Louis XV ; des particuliers, en Périgord, ne leur donnent que 70 francs ; mais il est possible que les conditions diffèrent et que les unes soient nourries, tandis que les autres ne le sont pas.

Comme les salariés du sexe masculin, les journalières et les servantes du siècle dernier avaient été dépossédées de leurs gains du moyen âge : au lieu de 420 francs au XIVe siècle, de 525 francs au XVe pour 250 jours de travail, les femmes d'il y a cent ans ne recevaient plus que 250 francs. Quant aux domestiques féminins, au lieu de la moitié, elles n'avaient perdu que le quart de leurs gages, elles avaient donc moins souffert que les travailleuses à la journée du mouvement de la civilisation. Comparés au contraire à ceux de 1790, les chiffres actuels accusent une hausse énorme.

De 250 francs sous Louis XVI la rémunération des journalières est passée à 450 francs. De 84 francs, à la même époque, les gages des domestiques femmes se sont élevés à 210 francs pour les filles de ferme, à 300 francs pour les servantes d'intérieur. Plus favorisées encore que les précédentes, celles-ci sont par conséquent *deux fois et demie* plus riches qu'elles n'étaient précédemment.

Les prix payés, autrefois et aujourd'hui, pour les travaux exécutés *à la tache* confirment les appréciations fondées sur les rétributions annuelles ou journalières. L'écart paraît moindre, toutefois, entre les prix des siècles passés et ceux du nôtre, pour les labeurs à façon que pour les travaux à la journée, ce qui prouve que l'ouvrier des XVIIe et XVIIIe siècles faisait moins de besogne que celui du XIXe, peut-être parce qu'il se nourrissait plus mal, — le terrassier de Paris remue, en l'espace d'une heure, moitié plus de terre que le terrassier de basse Bretagne, — sans doute aussi parce que ses outils étaient moins bons, remplissaient moins bien leur office. On sait que la plupart des bêches étaient jadis en bois ferré, et que les blés se coupaient à la faucille. Le total de la main-d'œuvre des moissons montait assez haut, y compris le battage au fléau, sans que pour cela le laboureur fût payé cher. Les charrues aussi labouraient mal ; la surface minimum qu'un attelage de bœufs était tenu de parcourir dans sa journée, d'après les chartes des temps féodaux, se trouve beaucoup moindre que celle qu'il retourne et herse sans peine aujourd'hui.

Cependant, du moyen âge au XVIIIe siècle, on voit les mêmes travaux revenir moins cher au propriétaire, par suite rapporter moins au journalier. Le battage des grains coûte 90 centimes par hectolitre sous Louis XV, il valait le double sous Charles VIII. Le labourage des terres à la tâche, pour les blés d'hiver, qui se payait 30 francs au XVIIe siècle, que Voltaire, dans l'*Homme aux quarante écus*, évalue à 42 francs l'hectare, mais que l'on obtenait encore pour 32 francs en 1781 aux environs de la capitale, se paie 50 francs à l'heure actuelle. Le simple fauchage des blés, que l'on paie 15 francs l'hectare en moyenne dans la France contemporaine, coûtait 10 francs environ dans la France des deux derniers siècles.

V

Semblable à un oiseau qu'on aurait cru prendre dans une toile d'araignée, et qui la traverserait sans presque la voir, le prix du travail des métiers évolue aux temps modernes suivant les lois naturelles qui lui sont propres, sans se soucier plus que si elles n'existaient pas des combinaisons péniblement élaborées en vue de le faire monter ou descendre. La valeur de la main-d'œuvre, si solidement maintenue, semble-t-il, si sévèrement gardée, d'un côté par les statuts de chaque corporation qui la sollicitent à s'élever, de l'autre par les édits de maximum qui tendent à la ravaler, demeure indépendante des uns et des autres. Ces salaires que ni les producteurs ni les consommateurs ne peuvent isolément maîtriser ; ces salaires auxquels ni les ouvriers, ni les patrons, ni le public, ne peuvent ajouter ou retrancher, c'est cependant l'opinion commune qui les régit, qui en fixe le taux ; mais elle n'est pas libre de le fixer à sa guise, il s'impose à elle.

Pour admettre que les incursions faites, dans ce vaste monde des prix, par des particuliers associés ou par la puissance nationale aient été, je ne dis pas heureuses, — on sait qu'elles furent tout le contraire, — mais simplement efficaces, voire d'une efficacité temporaire et partielle ; pour qu'elles aient en un mot créé des prix factices, il faudrait admettre que l'âme humaine ait changé depuis le moyen âge. Est-il quelqu'un d'assez audacieux pour soutenir que le sentiment de leurs intérêts n'ait pas dirigé les hommes, autrefois comme aujourd'hui, que la conclusion d'un marché ait été aux temps féodaux un combat de générosité ? Se figure-t-on que, dans la sorte de contrat dont nous nous occupons ici, celui qui a pour objet l'achat et la vente de la main-d'œuvre, ce soit une nouveauté que la rivalité des ouvriers et des patrons dans le partage des bénéfices, ce qu'on appelle maintenant « l'antagonisme du capital et du travail » ?

Il serait facile de montrer par mille exemples, si cela n'était bien connu et du reste en dehors de mon sujet, comment ces corporations, tant vantées par certaines écoles, n'avaient d'autre but que le plus grand profit des « maîtres » et comment les ouvriers, qui ne l'ignoraient pas, s'étaient constitués en association de « compagnonnage ». Les compagnons du XVe siècle, comme ceux du XIXe, se plaignaient des exigences égoïstes de leurs patrons ; ceux-ci de leur côté déploraient l'insubordination de leurs ouvriers. Il y avait dans les villes un prolétariat véritable au XVIe siècle ; il joua un grand rôle dans nos luttes politiques et religieuses. Entre 1 400 et 1 500 il y eut des conflits aussi rudes que de nos jours, dans lesquels les ouvriers, armés de bâtons, de dagues et d'épées, usaient de violence contre les maîtres, et contre les compagnons qui ne partageaient pas leurs rancunes. Il y eut des grèves, non pas aussi vastes, mais aussi sérieuses que les nôtres. Pour obtenir un salaire plus élevé, une durée de travail moindre, une nourriture meilleure, des compagnons quittaient une ville en masse, la mettaient au ban et, privées d'ouvriers, certaines industries locales moururent ainsi d'inanition. Sans aller jusqu'aux ruptures ouvertes, c'est une lamentation vieille de six siècles, vieille autant que l'humanité, que celle des patrons gémissant sur ce que les ouvriers « ne travaillent que selon le besoin qu'ils en ont et les ruinent par leurs pratiques. » Par une singulière bizarrerie, les corporations allaient se multipliant, aux XVIe et XVIIe siècles, tandis que le prix du travail, — travail du maître aussi bien que du compagnon, — allait diminuant. L'obtention de ces monopoles ne soulève à l'origine aucune difficulté, parce qu'ils se bornent à transformer un fait en droit : par lettres patentes de 1664, les selliers de Grenoble s'organisent en maîtrise ; « ceux qui sont à présent seront les *maîtres*, est-il dit, et ceux d'à venir passeront quatre ans en apprentissage et feront chefs-d'œuvre avant que pouvoir être reçus. » On pourrait craindre que les patrons ne fissent payer au public le privilège dont ils viennent d'être investis, en exagérant le prix des marchandises qu'ils sont seuls en droit de fabriquer ; et qu'ils ne fissent payer aussi ce privilège aux artisans à leur solde, en ne leur accordant qu'un salaire dérisoire. Mais, à pénétrer plus intimement le mécanisme commercial et industriel de l'ancien régime, on se convainc que ni l'une ni l'autre de ces éventualités ne pouvait se réaliser.

Pour hausser le prix de vente de leurs articles, il eût fallu que les maîtres coalisés fussent fidèles à leurs engagements réciproques, qu'il n'y eût pas de concessions secrètes faites par aucun d'eux à leurs clients, pour en accroître le nombre. En notre siècle, des syndicats de ce genre ont cent fois été tentés, et, pour leur faire échec, il n'a pas été besoin de concurrences nouvelles, telles que la

liberté actuelle du commerce permet d'en fonder. Ces coalitions
se sont détruites volontairement, parce que leurs membres ont été
les premiers à en violer les clauses. Lors même qu'ils les eussent
strictement observées, rien n'eût empêché les acheteurs auxquels
on prétendait faire la loi de se fournir dans une ville voisine ; rien
n'eût empêché non plus de nouveaux maîtres d'acquérir quelques-
unes de ces « lettres de maîtrise », qui traînaient dans les cartons
des bureaux de finance de la généralité : maîtrises créées à tout
propos par les rois, pendant les trois derniers siècles, pour tous
métiers et avec une profusion telle qu'elles se délivraient à très bon
marché. Que dis-je ! Bien avant que l'on ait eu à en venir là, le
corps d'état qui eût essayé de majorer exagérément ses prix, grâce
à ce monopole qu'il tenait du socialisme *professionnel*, eût vu le
socialisme municipal, plus puissant encore, se dresser contre lui,
et le conseil de ville, soutenu par l'opinion publique, l'eût, de façon
ou d'autre, mis à la raison.

Avec les ouvriers, un essai d'avilissement des salaires au-dessous
du taux normal, résultant de l'offre et de la demande, n'eût pas
mieux réussi aux patrons privilégiés, parce que les compagnons
auraient émigré en d'autres villes, auraient passé à d'autres
métiers. L'ostracisme contre les nouveaux venus ou, si l'on veut,
l'exclusivisme jaloux qui fait le fond des règlements corporatifs, et
qui n'a pu influer ni sur le prix des objets fabriqués ni sur le taux des
salaires, n'a pas eu davantage pour effet de constituer, dans le sein
de chaque industrie, une aristocratie de maîtres et d'interdire, à la
plèbe des salariés, l'accès du travail indépendant. Une statistique
de la population parisienne, faite en 1637 par les commissaires
au Châtelet, — commissaires de police actuels, — nous apprend
que les 112 corps de métiers se composaient de 13 500 maîtres,
contre 39 000 compagnons âgés de plus de vingt ans el de 5 600
apprentis ; soit 3 ouvriers adultes seulement pour 1 patron. Il y
a *proportionnellement* aujourd'hui dans la capitale, sous le régime
de la liberté, — même dans la petite industrie, — deux ou trois fois
moins de « maîtres » qu'il n'y en avait voici deux cent soixante ans.
Une profession présentement encombrée est celle des boulangers ;
j'ai cité, dans un article précédent, les chiffres excessifs qu'ils
atteignent en certaines localités. Or cet excès jadis était bien plus
grand. Pour 2 400 000 âmes le Paris de 1896 contient 1 522 patrons

boulangers ; pour 500 000 âmes, le Paris de 1721 en contenait 757 ; ce qui revient à dire que, pour 10 000 habitants, il se trouvait 15 boulangers sous le Régent, et qu'il s'en trouve un peu moins de 7 sous la troisième république.

Mêmes différences en province : la ville de Sens, qui possède aujourd'hui deux fois plus d'habitants qu'il y a cent trente ans, renfermait en 1767, dans la plupart des métiers, beaucoup plus de patrons qu'en 1896 ; 25 cordonniers naguère au lieu de 13 maintenant, 11 marchands de draps au lieu de 8, 24 menuisiers au lieu de 9, et ainsi de suite pour les autres corps d'état.

La ville de Périgueux, dont la population est en 1896 de 29 000 habitants et qui n'en possédait pas plus de 6 000 en 1801, n'en avait peut-être que 4 000 en 1674. Toutefois, il y a deux cent vingt ans, elle comptait 30 boulangers et présentement elle en compte 36 ; elle avait 24 cordonniers et n'en a plus que 10 ; 18 tailleurs jadis, aujourd'hui 15 ; 14 chapeliers, dont il ne reste que la moitié ; elle contenait 4 arquebusiers et 9 fourbisseurs contre 5 armuriers actuels, etc., etc. Quelques branches de commerce ou d'industrie sont de nos jours plus remplies ; il existe un plus grand nombre d'épiciers, d'imprimeurs, d'horlogers ; mais la consommation des montres, des journaux et des « denrées coloniales », n'étant pas comparable à ce qu'elle était il y a deux siècles, cette augmentation ne peut tirer à conséquence. Certaines professions se ressentent de la révolution causée par les manufactures. Le Périgueux de Louis XIV avait 12 drapiers-merciers et 15 tisserands ; le Périgueux d'aujourd'hui n'a plus de tisserands, mais il a 16 merciers et 14 drapiers ou marchands de nouveautés, en gros et en détail.

Bref, malgré les entraves plus apparentes que réelles dont l'organisation du travail entourait jadis le patronat, *il y avait beaucoup plus de maîtres autrefois que de nos jours*. Et s'il n'y en avait pas davantage encore, ce n'est pas à cause des restrictions corporatives, mais parce qu'il fallait à l'ouvrier, pour « s'établir », un capital, un fonds de roulement ou du crédit, toutes choses qui jamais ne furent ni ne seront à la portée de l'*universalité* de la classe laborieuse. Qu'on ne se laisse pas d'ailleurs duper par les mots : les bons ouvriers dans la petite industrie, et, dans les usines, les contremaîtres, les surveillants, ceux qui sont chargés de la direction des moteurs, gagnent beaucoup plus que l'immense majorité de tous ces petits patrons du temps passé, sans courir aucune des chances de pertes que l'ouvrier travaillant « à son compte » doit prévoir.

Les « lettres de maîtrise », dans les métiers privilégiés, ne donnaient pas par elles-mêmes la clientèle, ni par conséquent les profits, plus que ne la donne aujourd'hui le diplôme de pharmacien. Libre aux villes de grossir à leur gré l'effectif nominal des gens de tel ou tel métier, comme fait le conseil communal d'Angers lorsqu'il augmente, en 1623, le nombre des orfèvres « pour l'honneur de la ville. » Si ce nombre excède les besoins réels, le projet restera sans exécution ; à moins qu'il ne s'agisse de pseudo-commerçants purement décoratifs. Ces antiques et vénérables classifications, qui mettaient les *potiers de terre* au cinquième et dernier rang de la liste des métiers, tandis que les *potiers d'étain* étaient au troisième rang, à côté des peintres, n'ont pas retardé d'une minute la décadence de la vaisselle d'étain, ni empêché la faïence de prendre à son heure le pas sur elle.

Pour qu'un état rencontrât peu d'amateurs, il fallait qu'il fût réputé tout à fait vil, et ce n'était plus alors la législation mais les mœurs qui agissaient. On peut croire par exemple que, si nous manquions d'ouvriers cordiers dans nos ports, si Colbert fut obligé d'en faire venir de Hambourg, Dantzig et Riga, cette pénurie était causée par le mépris dans lequel était tenue, sur nos côtes de l'ouest, l'industrie de la corde. Par suite de quel préjugé les cordiers, appelés *cacous* ou *caquins*, passaient-ils pour descendre des lépreux du moyen âge ? on ne sait. Toujours est-il qu'en Bretagne ils inspiraient une vraie répulsion aux autres habitants ; ils devaient se présenter les derniers pour baiser les reliques, recevoir dans la main le pain bénit qu'il leur était défendu de prendre eux-mêmes dans la corbeille, et, quand ils faisaient baptiser leurs enfants, on les inscrivait dans la partie du registre réservée aux enfants naturels. D'autres métiers au contraire, naguère fort estimés, ont disparu : tels étaient ces écrivains publics, établis à Paris sous les charniers des Innocents et autour des piliers des Halles, qui vendaient, à la fin du ministère de Mazarin, à qui ne savait pas écrire, une « lettre de haut style » de 1 fr. 60 à 3 fr. 40, et une « lettre de bas style » 90 centimes ou 1 fr. 20. Profession lucrative que le développement de l'instruction a privée de sa clientèle. Les progrès de la science ont, par compensation, relevé la catégorie des « apothicaires-épiciers », auxquels leurs « notes » avaient fait quelque tort dans l'histoire. Non que les confrères de M. Fleurant fussent incapables parfois d'observer, au péril de leur vie, les règlements qui les concernaient, — un apothicaire d'Amiens reçoit en 1615 trois coups de poignard d'un soldat de la citadelle, auquel il avait, suivant les lois, refusé de l'arsenic, — mais ils étaient, plus que de raison, enclins à la grandeur, et leur morgue les rendait haïssables.

La longueur de l'apprentissage est une condition commune à beaucoup de labeurs manuels des siècles passés. Il dure jusqu'à cinq ans pour les fourbisseurs, jusqu'à six ans pour les tapissiers. C'était une charge, qui constituait pour l'ouvrier une diminution de salaire sur l'ensemble de sa vie de travail ; en revanche c'était une recette pour le maître ; ce qui eût compensé plus tard son caractère onéreux, si tous les apprentis étaient devenus patrons. Comme beaucoup demeuraient simples compagnons, il semble à première vue que leur situation ait été moins avantageuse que de nos jours. En outre le contrat qui intervenait, par-devant notaire, entre les parents de l'apprenti et le maître est plus rigoureux qu'aujourd'hui. Il suspendait en quelque sorte, au profit du patron, la puissance paternelle.

Dans ces contrats que les admirateurs du système patriarcal ont représentés comme si bienfaisants, il était stipulé que l'apprenti, s'il tombe malade, doit payer le médecin et le pharmacien, et, « si sa maladie dure au-delà d'une semaine », restituer au patron le temps de son séjour au lit. L'apprenti adulte est tenu de monter les gardes de nuit à la place de son maître. Tel arrangement prévoit qu'il en sera dispensé en décembre et janvier, par extraordinaire. A prendre ces actes au pied de la lettre, quoique le maître s'engage à envoyer tous les jours son apprenti à la messe, ce qui témoigne de la sollicitude pour son âme, la discipline qu'il impose est si sévère, les droits qu'il se réserve si étendus, que le futur compagnon paraît moins un serviteur, qu'une sorte d'esclave, vendu pour une période déterminée.

La durée, aussi bien que la rigueur de l'apprentissage, furent-elles un résultat de l'organisation hiérarchique du travail ? Les patrons, par ces règlements dont nous nous attachons à démontrer le peu d'effet sur le salaire des artisans formés, n'étaient-ils pas parvenus à se procurer avec les apprentis un profit exagéré ? La loi de l'offre et de la demande, omnipotente pour tout le reste, a-t-elle ici été vaincue ? A bien examiner le mode de recrutement de la classe ouvrière du XVe siècle au XIXe, je ne le pense pas. D'abord, pour les plus longs de ces apprentissages, quand le métier demandait plus d'adresse que de force, on embauchait des sujets très jeunes. Nous avons vu, dans l'article précédent, des domestiques de 7 ans au XVe siècle ; nous voyons au XVIIe des apprentis de 6 ans. Les statuts des « maîtres et marchands tapissiers » ont soin d'interdire de les prendre au-dessous de cet âge. Si leurs débuts ont été plus tardifs, ceux que l'on nomme encore « apprentis » gagnent à la fin quelque demi-salaire, et ne diffèrent que par l'étiquette du garçon *actuel* de moins de 15 ans, dont la journée dans la grande industrie est de 1 fr. 30, tandis que celle des adultes de 15 à 21 ans est de 2 fr. 50 et celle des individus majeurs de 3 fr. 50.

Puis, et c'est là une remarque capitale, qui ressort de la comparaison des divers contrats, les longs apprentissages sont ceux qui ne coûtent rien aux parents. Ceux pour lesquels on payait aux patrons des sommes équivalentes à celles de 1896, ne sont pas plus longs que les nôtres. Seulement un grand nombre de familles, ne disposant que d'un pécule insuffisant, préféraient sans doute abandonner pendant un ou deux ans de plus les services gratuits de leurs enfants. Aujourd'hui la durée moyenne de l'apprentissage d'un maréchal est de vingt-cinq mois, son coût moyen est de 162 francs. En 1610 un maître maréchal de Seine-et-Oise prend un apprenti qui restera chez lui trois ans, mais *qui ne lui paiera rien*. Un autre reçoit un apprenti qui s'engage à demeurer quatre ans, mais qui, à la fin des quatre ans, touchera 108 francs. Ne veut-il passer, comme maintenant, que deux ans chez son maître, l'apprenti maréchal devait lui verser 200 francs.

L'apprentissage du tailleur coûte présentement 133 francs et dure vingt-sept mois ; celui d'un couturier de Soissons sera de deux ans en 1547 et coûtera 120 francs. De nos jours la couturière paie 94 francs pour apprendre son métier en deux ans ; la durée est la même en 1611 et le prix est d'environ 144 francs. L'apprenti cordonnier passe aujourd'hui vingt-six mois avant de devenir ouvrier et il débourse 134 francs ; au XVIIe siècle le cordonnier des environs de Paris donnait trois ans de son temps et seulement

108 francs d'argent. Ceux qui ne passent que deux ans au XVIIIe siècle versent en moyenne 175 francs. L'apprentissage du tapissier monte aujourd'hui à 192 francs. « Maître Jean Poquelin le jeune », un frère de Molière, se montrait plus exigeant en 1655 ; il prenait 326 francs. Mais de simples passementiers dressaient en ce temps-là des élèves pour 124 francs, toujours en monnaie de nos jours.

Pour faire un bon boulanger il suffit maintenant de seize mois et d'une somme de 136 francs ; leur apprentissage variait autrefois de six mois à deux ans ; dans le premier cas le néophyte devait verser 225 francs, tandis que dans le second il n'en donnait que 64. Le futur boucher reste aujourd'hui dix-sept mois chez son maître et lui paie 182 francs ; au XVIIe siècle il restait parfois trois ans, mais il ne payait rien. Il semble oiseux de multiplier les exemples ; on voit clairement l'économie de ces conventions : l'apprenti pauvre s'acquittait en travail au lieu de s'acquitter en espèces. Mais ni la durée ni le coût de l'apprentissage ne subissaient vraiment le joug des lois restrictives de la liberté.

Les salaires des ouvriers de métier ne le subissaient pas davantage. Et plus on allait pourtant, plus on restreignait, plus on prohibait, plus on tyrannisait ! Outre les privilèges des corporations, il faut compter avec la toute-puissance des conseils de ville. Le travail est un domaine dans lequel toutes les autorités possibles ? ont chez elles et ont droit de commander ; le seul qui ne soit pas chez lui c'est le travailleur isolé, celui-là n'a que le droit d'obéir. Pour exercer le commerce de la boucherie, il faut, en bien des localités, passer avec les jurades un bail minutieux, où, non seulement les prix de la livre de bœuf, de mouton et de porc, mais aussi la quantité de gigots à laquelle chaque habitant peut prétendre, la façon dont on coupera et débitera la viande, sont soigneusement spécifiés. Et quand les pouvoirs publics n'avaient pas légiféré sur la matière, les confréries s'en étaient depuis longtemps emparées. On connaît leurs disputes mémorables les unes avec les autres, les homériques procès auxquels elles se plaisent, les formalités graves qui président à la cooptation des nouveaux membres. A voir les cérémonies, les serments et les fonctions laïques qu'il faut pour affilicra Paris un cordonnier, aspirant à la maîtrise, on dirait qu'il s'agit de graduer un docteur ou de consacrer un prêtre !

Dans le sein de chaque communauté quelles contentions, s'il

s'agit des dignités, entre les ambitieux « jurés chapeliers », les « généraux des œuvres de maçonnerie » ou les « gardes du métier des orfèvres », qui veulent rentrer dans la jurande plus souvent qu'à leur tour, et, s'il s'agit des marchandises, quels nids à chicane que ces vétilleux articles qui forment le *codex* de chaque industrie, la nature des matières, les détails et les dessous de leur façonnage, imposés sous peine d'amende, toute la collection des « manuels Roret » versée dans la législation ! Et le tout aboutissant à l'impuissance, particulièrement en ce qui concerne les salaires des diverses professions, qui ne sont pas plus affectés par cet appareil qu'un chêne ne l'est d'un coup de poing.

VI

Ils demeurent en effet très bas, ces salaires des XVIIe et XVIIIe siècles, et la proportion de 3 à 4, que nous remarquons en 1896 entre la paye du journalier et celle de l'ouvrier de métier, et qui avait aussi existé au moyen âge, se maintient dans les temps modernes. La journée du maçon, type moyen de l'artisan, oscille au XVIIe siècle de 3 francs sous Henri IV à 2 fr. 30 sous Colbert, contre 2 fr. 28 à 1 fr. 70 donnés au journalier. Au XVIII° siècle le maçon gagne de 2 fr. 84 au temps du ministère de Fleury à 2 fr. 30 au moment de la Révolution, pendant que le manœuvre recevait 2 fr. 10 ou 1 fr. 64. Les deux genres de labeur se trouvent en définitive, aujourd'hui qu'ils sont libres tous deux, *dans la même situation vis-à-vis l'un de l'autre* que lorsque l'un des deux était l'objet d'une protection spéciale.

De même les différents corps d'état étaient entre eux, au point de vue du salaire, dans le même rapport où ils sont aujourd'hui, où ils avaient été au moyen âge. Le maçon est actuellement payé 3 fr. 40, le charpentier 3 fr. 70, le peintre 3 fr. 50 ; aux XVIIe et XVIIIe siècles le maçon recevait, avons-nous dit, de 3 francs à 2 fr. 30 ; le charpentier gagna en moyenne suivant les époques de 3 fr. 18 à 2 francs ; le peintre et le couvreur de 3 fr. 30 à 2 fr. 50. Aux mêmes époques ces professions haussèrent, aux mêmes époques elles baissèrent ; si bien que le prix général du travail obéit aux mêmes influences et paraît suivre des lois identiques, quelles que soient la qualité des travailleurs et la distance qui les sépare.

Il va de soi que, suivant leur capacité, la besogne dont ils sont chargés, la manière dont on les occupe, la rétribution de ces divers ouvriers du bâtiment est très variable, inférieure ou supérieure aux moyennes qui précèdent. On donne au Havre jusqu'à 4 francs au sculpteur sur pierre sous Louis XIV ; on paye un menuisier à l'année, nourri et logé, à la même époque, sur le prix de 50 centimes par jour en Limousin. Notre XIXe siècle voit encore de semblables inégalités. Le plâtrier, le paveur, le plombier, le serrurier, reçoivent des salaires équivalents. Les différences que l'on constate, d'une province à l'autre, viennent parfois de la diversité du prix de la vie entre les régions de l'ancienne France ; le plus souvent elles n'ont d'autre base que la saison et la valeur respective des individus. En Normandie par exemple, un scieur de long à la journée gagne 2 fr. 65 vers la fin du règne de Louis XV, un menuisier, nourri, n'est payé par un hospice de Rouen que 90 centimes. Il importe peu dès lors que certains charpentiers touchent 2 fr. 60 en Lorraine, d'autres 2 fr. 80 à Sens, tandis que ceux d'Alsace n'ont que 1 fr. 95, que ceux qui étayent les galeries des mines de Carmaux, dans l'Hérault, reçoivent 2 fr. 25, ceux de l'Anjou 2 fr. 10, ceux du Limousin 1 fr. 90 et ceux du Berry 1 fr. 60. Au moment de la Révolution (1790), les maîtres maçons de Paris touchent 3 fr. 60, les compagnons 3 francs, les garçons 2 fr. 16, — les mêmes ouvriers gagnent, en 1 896, 8 francs, 6 fr. 50, et 5 francs. — Les salaires, au dire d'A. Young, étaient peu différents dans l'Italie du nord ; à Turin par exemple, ils ne dépassaient pas 2 fr. 60. Au contraire, dans la Grande-Bretagne, d'après les chiffres de Thorold Rogers, ils atteignaient déjà le chiffre de 5 francs.

Les autres corps d'état se prêtent moins aisément que ceux-là aux comparaisons, parce que les salaires, payés au mois ou à l'année, comprennent suivant les cas le logement et la table. Même en tenant compte de ces avantages, on est frappé du taux minime des salaires *annuels* ou *mensuels* en regard des salaires *journaliers*. Le rapprochement nous montre que le prolétaire d'autrefois devait être très exposé à manquer d'ouvrage ; puisque la garantie du vivre et du couvert lui semblait si précieuse que, pour l'obtenir, il n'hésitait pas à sacrifier le tiers, la moitié parfois, de ce qu'il aurait gagné à la journée. De nos jours le boulanger nourri, hors Paris, gagne 1 fr. 35 ; le boulanger des XVIIe et XVIIIe siècles était payé de

225 francs à Orléans, à 170 francs à Rouen et 160 francs à Nîmes. En comptant pour l'année deux cent cinquante jours de travail ces chiffres correspondent à une paye journalière de 90 à 64 centimes. En 1790 les garçons brasseurs n'ont que 240 francs par an à Paris, les ouvriers boulangers ont 180 francs à Besançon.

S'il est des tapissiers *à la journée* qui touchent 3 fr. 50, il en est d'autres *à l'année* auxquels on ne donne que 42 centimes. Le tanneur à l'année n'a que 173 francs, tandis que le tanneur à la journée reçoit un salaire journalier de 1 fr. 20, soit 300 francs par an. De même le cordonnier à la journée était payé, il y a cent ans, 2 fr. 20, et le cordonnier à l'année 60 centimes seulement. Dans toutes les professions nous retrouvons les mêmes disparités ; elles ont pour effet d'affaiblir l'ensemble des recettes de la classe laborieuse. Dans l'industrie du tissage les patrons, qui exigeaient un minimum de fabrication, accordaient aux ouvriers qui le dépassaient une sorte de prime. Un « tixier » — tisserand — en toile travaillera en 1610 chez un maître de Seine-et-Oise ; il sera hébergé, logé et recevra 429 francs par an, soit 1 fr. 71 par jour ouvrable dans lequel il devra faire 6 mètres de toile commune. Ce n'était pas une mauvaise spéculation pour le maître. La façon de la toile d'étoupe pouvait être évaluée à cette époque à 62 centimes le mètre ; le travail de son compagnon représentait une valeur de 3 fr. 72 ; il ne lui coûtait en espèces que 1 fr. 71, et la différence de 2 francs était loin d'être absorbée par les frais de nourriture. On stipulait en outre qu'au-dessus de 6 mètres par jour, si le tisserand en faisait davantage, les deux tiers lui appartiendraient, le troisième tiers restant au patron. Il s'agit là d'un ouvrier très capable ; plus tard d'autres tisserands n'ont que 1 fr. 20 et 90 centimes par jour. A Aumale (Seine-Inférieure), le peigneur de laine se contentait de 86 centimes, exactement le salaire des fileurs en Catalogne.

La moyenne des ouvriers de métier, non nourris, était de 2 fr. 20 au moment de la Révolution ; elle est aujourd'hui de 2 fr. 55 dans la grande industrie, de 3 fr. 20 dans la petite et se trouve supérieure à la moyenne du salaire des femmes de près de moitié dans la petite industrie, de plus de moitié dans la grande. Les ouvrières des manufactures gagnent actuellement en général 1 tr. 72 ; colles des métiers domestiques 1 fr. 64 ; la différence est donc plus grande entre les ouvriers des deux sexes qu'entre les journaliers mâles et femelles. Cela peut tenir à ce que les bras des femmes sont plus appréciés ou plus rares dans les campagnes ; à ce que le sexe faible est cantonné dans un assez petit nombre de professions industrielles, que par suite ces professions sont encombrées et que leur rémunération baisse.

On demande à la législation actuelle de chercher à restreindre le travail féminin. N'est-ce pas une tendance très fâcheuse et qui nuira beaucoup à ceux qu'elle prétend servir ? Le contraire serait plutôt profitable aux ménages. L'accession des femmes à des métiers plus nombreux aurait pour conséquence le relèvement de leurs salaires dans les emplois qu'elles occupent déjà. Or toute augmentation du salaire des femmes favorise la morale publique, en encourageant le mariage ; tandis que plus la disproportion sera grande entre le gain de l'ouvrière et celui de l'ouvrier, moins il sera avantageux à l'homme de se marier, puisque les charges de la communauté seront supportées presque entièrement par lui seul.

La situation présente n'est d'ailleurs pas nouvelle. Le peu de différence qui existe aujourd'hui entre la rétribution de l'ouvrière agricole (1 fr. 50) et celle de l'ouvrière de métier (1 fr. 68), — c'est-à-dire 12 pour 100 de plus, — pendant que l'ouvrier de métier (à 3 fr. 40) jouit de 36 pour 100 de plus que le manœuvre (à 2 fr. 50) ; cette différence minime correspond à celle qui existait autrefois entre les travailleuses des champs et les travailleuses à l'aiguille.

Au moyen âge, lorsque les journalières se faisaient jusqu'à 2 fr. 10 par jour, les couturières, les Pileuses ne gagnaient jamais plus de 2 fr. 30 et, pour les femmes nourries, les chiffres semblent identiques à la ville ou à la campagne. Dans les temps modernes, où le maximum des travailleuses rurales fut de 1 fr. 30, les ouvrières de métiers ne gagnèrent pas davantage. Des salaires exceptionnels étaient accordés à une drapière de Sedan payée 1 fr. 50, à une brodeuse de Rouen payée 3 francs ; mais la fileuse de lin la plus habile ne dépassait pas 1 franc et la fileuse ordinaire 62 centimes ; les couturières recevaient depuis 72 centimes à Metz jusqu'à 1 fr. 26 à Versailles.

Il est deux professions qui, par leur nature, rentrent dans les travaux champêtres, et, par l'éducation qu'elles exigent, méritent cependant d'être classées parmi les métiers : le jardinier, le vigneron. Employé à la journée, le jardinier de 1896 est payé de 2 fr. 32 à 3 fr. 44 ; il y a dans cette catégorie un grand nombre d'individus qui diffèrent peu des hommes de peine. Employé à Tannée, le jardinier est souvent un spécialiste capable, parfois un horticulteur distingué ; dans le premier cas ses gages annuels vont de 1 000 à 2 000 francs sans nourriture ; dans le second, ses appointements n'ont pas de limite fixe. De la confusion qui pourrait se faire entre un émule de Le Nôtre et un simple planteur de choux, entre ceux qui dessinent les parterres à la française et ceux qui arrosent les salades, uniformément désignés sous le nom de « jardiniers », résulterait une appréciation malaisée des salaires, si nous ne laissions de côté les jardiniers de château, à 1 000 et 1 200 francs de gages, sous Louis XIV, pour n'envisager que leurs modestes confrères, dont les plus favorisés reçoivent 600 francs et les moins bien traités jusqu'à 200 francs seulement.

Le corps des vignerons est plus homogène ; leur besogne varie peu d'un point à un autre. Dans le cours des deux siècles précédents, il atteint son maximum sous Louis XIII, avec une journée de 3 fr. 12, et son minimum à la fin de l'ancien régime avec 2 fr. 02. Il avait été moins bien traité dans les cent dernières années que dans les cent années précédentes ; sa paye ne s'éleva pas sous Louis XVI au-dessus de 2 fr. 50 aux environs de Paris, et l'on rencontrait dans le Lot des vignerons à l'année dont les gages ressortent à 54 centimes par jour. La culture de la vigne à façon avait aussi été moins chère ; elle ne coûtait pas plus de 300 francs en 1789 ; on a vu, dans l'article précédent, qu'elle avait valu le double au XVe siècle.

VII

Cet avilissement des prix du travail, cette moindre récompense de l'effort humain, sous toutes ses formes, de 1 500 à 1790, il serait intéressant, après l'avoir touché du doigt par le taux des salaires, d'en fournir une preuve nouvelle par la valeur des façons ouvrières. Non que je prétende englober sous cette rubrique tous les ouvrages imaginables, depuis le creusement d'une fosse au cimetière, qui coûte 12 centimes à Soissons, sous Louis XV, et depuis le cirage d'une paire de souliers que l'on paie 4 centimes aux décrotteurs de Rouen, jusqu'à la taille des diamants, pour laquelle le fameux joaillier Lopez donnait à son ouvrier 37 000 francs par an — un traitement d'ambassadeur — sous le ministère de Richelieu. Même bornées à des tâches assez simples, assez uniformes pour être exactement comparables à travers les temps et les lieux, nos visées sont cependant difficiles à satisfaire, parce que les travaux de ce genre sont rares.

Que dire par exemple de la façon des vêtements, depuis le XIIIe siècle jusqu'au XVIIIe ; pour le peuple comme pour les grands, les costumes d'autrefois ne diffèrent-ils pas trop de ceux de l'ère moderne ? De petits bourgeois donnent, au XIVe siècle, de 3 à 6 francs pour la coupe et la couture d'un manteau ou d'une cotte ; à peu près autant, au XVe, pour le pourpoint, le justaucorps ou la « jaquette ». La façon des robes, pour les deux sexes, se paie aux mêmes époques de 5 à 11 francs, et jusqu'à 30 francs si elles sont un peu ornées. Celle d'un seigneur « à cinq garniments » vaut 44 francs, celle de la comtesse d'Artois 130 francs, en 1328. A la même date la confection d'une « houppelande » ordinaire valait 36 francs ; celle d'une houppelande riche, destinée au roi, ()2 francs ; et celle d'un costume pour la reine, comprenant « chape — manteau long — surcot ouvert, surcot clos, mantel à parer et cotte simple » montait à la somme de 570 francs. C'était le temps où l'on disait « parée comme une reine. »

La façon d'une paire de chausses en drap, pour le roi, coûtait 11 francs, au XIVe siècle ; celle des chausses de laine pour un bourgeois 4 fr. 40, celle des chausses de toile, pour un paysan, 1 fr. 44. Au début du XVIIe siècle les chausses d'un prince ne valent que 6 fr. 40 de façon et celles des bourgeois que 2 francs. Celle des culottes du vulgaire ne se payait pas plus de 1 fr. 30 au moment de la Révolution, celle des culottes de peau 2 fr. 70. En 1790 on prenait à Paris 18 francs pour la façon d'un costume complet et de 4 à 7 francs pour celle de l'habit seul, tel qu'il se portait sous Louis XVI. Les députés du commerce se plaignaient que « le prix des façons d'habits n'eût pas augmenté depuis trente ans. » Ils attribuaient le fait à la concurrence de ce que nous nommons aujourd'hui les *maisons de confection*, « des fripiers vendant des habits neufs, faits à l'aventure et sans mesure, qui ont vu, disent-ils, leur clientèle s'accroître rapidement depuis dix ans. » Mais, si l'on remonte jusqu'au milieu du XVIIe siècle, et même jusqu'à

Henri IV, où la façon d'un habit de laquais se payait 32 francs et celle d'une soutane de prêtre 14 francs — le même prix qu'au XVe siècle — on voit que la valeur de cette main-d'œuvre avait peu varié. On ne pourrait d'ailleurs se prévaloir de chiffres semblables, quelque nombreux qu'ils puissent être, pour en tirer une induction quelconque sur le taux des salaires.

Il en est de même de la façon des souliers, pour lesquels nous voyons que l'on paye 3 francs au XIIIe siècle ; de 60 centimes à 1 fr. 34 au XVIe siècle et 1 fr. 10 au XVIIIe siècle. Mais lorsque nous constatons que le ressemelage d'une paire de souliers vaut, *y compris la fourniture du cuir*, 4 francs en 1384, le même prix en 1422, 3 francs en 1590, 3 fr. 90 en 1601 et 3 fr. 60 en 1648, nous sommes certains que, le cuir ayant beaucoup augmenté de 1384 à 1648, il a fallu pour que le prix du ressemelage ait baissé d'une date à l'autre, que l'ouvrier supportât une grande réduction sur sa main-d'œuvre.

Une semblable diminution ressort des prix comparés du filage du chanvre et du lin. Le premier se paie à la fin du XVe siècle 3 fr. 15 le kilo en Normandie, Alsace ou Champagne. Sous Louis XIV il ne se payait plus que 1 fr. 72, chiffre où il demeura jusqu'à la fin de l'ancien régime. Le filage du chanvre pour corde qui valait 80 centimes le kilo sous Louis XII, ne se payait plus que 40 centimes sous Henri IV. La baisse du prix de façon n'est pas moins évidente dans la confection de la toile, pour peu qu'entre les types multiples de ce tissu on choisisse quelques qualités faciles à suivre à travers les âges : la toile de « brin », médiocrement fine, était confectionnée par le tisserand moyennant 1 fr. 02 le mètre au XVe siècle, 90 centimes en 1540, 75 centimes en 1590, et pour 60 centimes seulement en 1790. La toile de chanvre ou d'étoupe, la plus commune, était fabriquée à la tâche pour 70 centimes le mètre au XVe siècle, 50 centimes au XVIe, 50 centimes au XVIIe et en 1790 elle ne rapportait à l'ouvrier que 30 ou 40 centimes le mètre.

Il n'est pas jusqu'à la façon des chemises dont les prix n'accusent le même fléchissement. Nous laissons de côté les modèles qui, par leur richesse ou la qualité de leurs destinataires, sortent du pair : la façon d'une chemise de la reine, qui se paie 11 francs en 1387, celle d'une chemise de prince, en Dauphiné, qui vaut 4 francs en 1334. Mais celle des chemises de la bourgeoisie coûte en moyenne 1 fr. 80

au XVe siècle ; elle ne coûtait plus que 90 centimes au XVIIe siècle et 75 centimes au XVIIIe. Cependant, quoique ce prix de façon des chemises, comme celui de la toile, des souliers et de toutes choses eût baissé, la valeur de ces objets *fabriqués* avait augmenté ; la matière première dont ils se composaient était devenue beaucoup plus chère que la main-d'œuvre n'était devenue bon marché. Il se consommait lentement une révolution désastreuse pour l'ouvrier, à qui l'on achetait son travail de plus en plus bas et à qui l'on vendait de plus en plus haut les marchandises dont il avait besoin. Il ne profitait pas, comme consommateur, de la perte qu'il subissait comme producteur.

Une révolution inverse se poursuit depuis cent ans : la matière première, en fait de tissus, est moins chère qu'autrefois, les frais de fabrication ont diminué et parfois l'objet fabriqué est aussi coûteux, parce que l'ouvrier a pris pour lui toute la différence. Cette transformation se recommande aux méditations des personnes attristées et gémissantes de toutes les opinions. L'opération ne s'est pas faite sans résistance ni sans douleur. La filature mécanique ne réussit que vers 1803 et n'employa la vapeur qu'en 1812. En 1838, l'Angleterre constatait que le perfectionnement des machines avait fait tomber la façon d'une livre de fil n° 100 de 12 fr. 50 à 80 centimes. Avant les machines, la concurrence des filés étrangers, à la suite de la guerre d'Amérique (1784), avait fait traverser à notre industrie nationale une crise très dure. Le filage du coton à la main, qui faisait vivre un grand nombre d'habitants des campagnes, fut frappé à mort. Il y eut en Normandie des paroisses où le tiers des ménages tomba subitement dans la misère.

Une crise analogue se produisit plus tard pour le tissage des étoffes ; mais ici l'agglomération des manufactures était commencée, depuis Louis XIV. Dans telle paroisse de Seine-et-Oise, comptant un millier d'âmes, on voyait 43 tisserands et 5 filassiers en 1670 ; en 1690 il n'y avait plus que 5 tisserands et aucun filassier ; en 1775 il ne restait que 2 tisserands. Inutile de dire que, depuis longtemps, il n'en reste plus un seul. Cependant les tisserands n'ont pas à se plaindre : la façon du mètre de toile représentait, suivant la qualité, le sixième ou le neuvième de la valeur du tissu il y a cent ans ; aujourd'hui cette valeur n'a presque pas varié, mais la façon entre pour un tiers ou un cinquième dans le prix de l'étoffe. Un propriétaire de laine peut aujourd'hui la faire transformer, par la filature la plus voisine, en drap commun, tissé, foulé, tondu, prêt en un mot à être employé, moyennant 1 fr. 90 le mètre. A la fin du XVIe siècle il lui en eût coûté 2 fr. 40 et les ouvriers pourtant gagnaient un tiers moins de salaire.

La façon d'un kilogramme de chandelles se payait 0 fr. 45 au moyen âge et 0 fr. 25 en moyenne aux deux derniers siècles. Le sciage du bois à brûler qui se payait au XVe siècle 2 francs par stère, un peu plus cher qu'aujourd'hui, coûtait 1 fr. 50 sous François Ier et seulement 0 fr. 75 sous Louis XV. La maçonnerie en moellons, qui pour des murs communs de 50 à 60 centimètres de large, se fait maintenant à la tâche, dans nos campagnes, à raison de 2 fr. 50 le mètre carré, se payait à peu près le même prix au moyen âge. Sous Henri IV et Louis XIII elle valait 1 fr. 75, et au moment de la Révolution elle était descendue à 1 fr. 20. Pour les maisons de Paris, en 1708, on payait 1 fr. 15 le mètre les murs de refend, et 2 francs les gros murs. Murs communs, cela va sans dire, et sans aucun ornement artistique. La maçonnerie du Louvre et celle des Tuileries, dont Louis XIV payait le mètre superficiel, y compris la fourniture des pierres de taille, 56 francs à l'entrepreneur, réservait sans doute aux maçons et aux sculpteurs un salaire qui ne peut se comparer à celui des bâtisses ordinaires.

Prises dans leur ensemble, les sommes payées pour les travaux à la tâche confirment ce que nous avait appris la statistique des salaires à la journée. L'ouvrier, qui avec deux cent cinquante jours de labeur avait eu, à la fin du XVe siècle, jusqu'à 1 230 francs ; qui, de 1 200 à 1 600, s'était fait en moyenne 900 francs par an, et qui n'était jamais descendu si bas que sous Henri III, où il ne touchait plus que 750 francs, tombe sous Richelieu et Mazarin à 562 francs, et à moins encore à la fin du XVIIe siècle. Après s'être relevée sous la Régence et le ministère de Fleury, sa paie annuelle n'était, à la fin de l'ancien régime, que de 576 francs. Or il gagne aujourd'hui, avec trois cents jours de travail, 1 020 francs, c'est-à-dire 77 pour 100 de plus qu'il y a cent ans. C'est là le bienfait positif du progrès.

Mais ce progrès comment est-il advenu ? Avec des chiffres lentement amassés, traduits, groupés, pressés enfin comme des fruits dont il faut extraire le suc, nous avons essayé, dans cet article et dans le précédent, de faire l'histoire, — bien aride, —

des recettes paysannes et ouvrières, de voir les écus entrer dans la poche du travailleur. Il faudrait aussi les en voir sortir, apprécier quels besoins ils permettaient de satisfaire, pour connaître les deux faces de ces humbles budgets. C'est ce que nous tenterons plus tard. Dès à présent nous constatons qu'il n'existe aucune concordance entre la situation politique et la situation économique, entre la prospérité du pays, abstraitement considérée, et l'aisance de la classe laborieuse. La France de 1789 est riche, le paysan, l'ouvrier y sont pauvres ; tandis que la France de 1475 est évidemment pauvre, alors que le prolétaire y était riche. C'est là un phénomène très intéressant à retenir.

En l'espace de ces six siècles (1200 à 1800) qui constituent une période notable des fastes de l'humanité, un morceau énorme de notre vie nationale, que de changements opérés, que de succès et de revers ! A travers les heures sombres ou glorieuses que la France a traversées, indifférent à ces péripéties, à ces révolutions civiles, à ces guerres extérieures, à ces intrigues ou à ces exploits que nous content les livres, et qui passaient au-dessus de sa tête, parce que, dans le Français d'autrefois, ils n'atteignent que l'homme *public*, le « citoyen », c'est-à dire une toute petite partie de son individu, le paysan, l'ouvrier, a de père en fils labouré, tissé, battu le fer, fendu le bois, scié la pierre. Il a, comme on dit, « gagné la vie », suivant cette destinée cruelle qui oblige la masse à peiner pour ne pas mourir. Cette vie a été plus ou moins large, plus ou moins dure ; mais la marche de la société ne l'avait pas adoucie et, par une contradiction déplorable, la civilisation semblait n'apporter que des privations et des misères au commun des êtres. De ce recul, la machine gouvernementale, la « politique » était-elle donc responsable ? Non certes, mais elle n'avait aucun moyen de lutter contre une force omnipotente devant qui les combinaisons des potentats ou des parlements ne sont que poussière. Les salaires avaient obéi à la loi naturelle : l'accroissement de la population avait réduit le prix du travail et haussé le prix de la terre.

C'est la même force des choses, qui, depuis un siècle, a enrichi le travailleur par suite de l'entrée en scène d'un nouvel élément de production : la science. A voir la population française passer de 25 millions d'âmes environ en 1790, à 39 millions en 1896, tandis que les salaires réels ont augmenté de moitié ou des trois quarts, on s'est pris à douter de la vérité des formules que les savants avaient cru dégager jusqu'alors ; et les propositions du sage Malthus ont semblé les rêves d'un méchant homme. Or ces formules n'ont pas cessé d'être rigoureusement vraies, à la condition de les adapter au temps présent : il demeure évident que plus la somme des denrées, des vêtements, du combustible, des matériaux de construction et des marchandises de toute nature sera grande, par rapport au nombre des hommes qui se les partageront, plus chacun de ces hommes aura chance d'en avoir davantage. Seulement la capacité de production de l'homme était jadis étroitement limitée : limitée par l'énergie infime de son bras, limitée par le faible rendement de la terre, limitée par la superficie modeste de sa patrie, où il demeurait enclos comme en un petit monde. Les prix de toutes choses, et aussi le prix du travail se mouvaient à l'intérieur de ces bornes inflexibles.

La science est intervenue ; elle a multiplié la productivité de l'homme et celle de la terre ; elle a élargi la sphère d'action de chaque individu, de chaque pays ; elle l'a étendue jusqu'à la totalité du globe. Economiquement parlant, malgré les barrières douanières, la créature du XIXe siècle n'a plus de patrie. Cette révolution est-elle terminée ? Qui pourrait le dire ? Qui voudrait le croire ? N'apparaît-elle pas, à nos yeux éblouis, comme l'aurore d'une ère incroyablement heureuse qui va s'ouvrir pour nos descendants ? Assurer un progrès indéfini serait absurde sans doute, moins absurde cependant que supposer le progrès d'hier fatalement arrêté au point où il est parvenu. Rien ne s'oppose à ce que le domaine de la machine s'étende, — au fait il s'étend tous les jours ; — à ce que les engins nouveaux soient plus parfaits et mus d'une autre façon que leurs devanciers ; rien ne s'oppose à ce que l'on trouve de nouvelles substances pour se nourrir, se vêtir, se chauffer, s'éclairer, se loger, ou que l'on se procure les anciennes plus aisément, ou qu'on les utilise avec plus d'adresse, moins de peine, plus de profit. Dans la voie des engrais artificiels, par exemple, dont la découverte transforme l'agriculture, n'est-il pas de nouveaux secrets, que le génie d'un chimiste peut contraindre la nature à révéler demain ?

Il est donc possible que la science dérange encore, à notre avantage, le vieil équilibre entre le travail, la population et la terre, sous lequel nos pères vivaient courbés. Il est certain qu'elle l'a, depuis un siècle, prodigieusement changé. Mais la loi subsiste tout entière : loi éternelle que les lois politiques n'influenceront pas. Ces dernières vainement se flatteraient d'améliorer le sort du plus grand nombre, en prétendant modifier la *distribution* des richesses existantes, lorsque c'est seulement par la *création* de richesses nouvelles que ce sort peut devenir meilleur. Pour que les salaires augmentent encore, il n'est qu'un moyen : c'est que les produits continuent à se multiplier en plus grande proportion que les hommes, afin que le travail de l'homme acquière vis-à-vis d'eux un plus haut prix.

III. LES FRAIS DE NOURRITURE AU MOYEN AGE

Pas plus pour les paysans que pour les ouvriers, les recettes n'augmentent ni ne diminuent proportionnellement aux dépenses, et la célèbre « loi d'airain » n'a jamais existé que dans l'imagination de quelques personnes.

Le taux des salaires et celui des denrées obéissent à des lois différentes ; il y a eu des heures où les recettes du journalier s'élevaient au *quart* de leur chiffre actuel, tandis que ses dépenses étaient *six fois* plus faibles qu'aujourd'hui. Il y a eu d'autres heures où les salaires étaient *trois fois* moindres qu'à présent, mais où le prix des vivres de première nécessité était inférieur de moitié seulement à ce qu'il est en 1898. Suivant que la hausse ou la baisse portaient sur tel ou tel objet, sur les blés par exemple, ou sur le loyer de la terre, elles affectaient tantôt les ouvriers et tantôt les propriétaires. Ainsi, le coût de la vie était, à la fin du XVIe siècle, deux fois et demie moindre que de nos jours ; parce qu'on se procurait à cette époque, avec une somme déterminée, deux fois et demie plus de marchandises qu'on n'en pourrait acheter aujourd'hui avec la même somme. Cela est vrai *en moyenne* et *d'une façon générale* ; mais non pas pour toutes les classes de la société : pendant les vingt-cinq années qui séparent la mort de Charles IX de la proclamation de l'édit de Nantes (1574-1598), les salaires furent trois fois plus bas que ne sont les nôtres, tandis que l'hectolitre de blé se vendit un prix identique à celui de maintenant.

I

« Par l'effet de l'offre et de la demande de bras, disait une ancienne théorie, le salaire se réduit en général à ce qui est indispensable à l'ouvrier pour vivre et se perpétuer. Il ne peut être beaucoup au-dessus de ce niveau parce que l'aisance, en augmentant la population, diminue les salaires ; il ne peut non plus tomber au-dessous, car la gêne et la famine, diminuant le nombre des bras, font remonter le taux de leur rétribution. » Or il n'est pas vrai que l'aisance fasse nécessairement augmenter la population, ni que la gêne la fasse diminuer. Il est, de par le monde, des populations aisées dont le chiffre demeure presque stationnaire, — la France est de ce nombre ; — il y a de même des populations prolifiques et grossissantes, quoique extrêmement dénuées. En certains pays, comme l'Espagne, les salaires demeurent très bas, quoique la population soit très faible ; en certains autres, comme l'Irlande, la population demeure très dense, quoique les salaires soient très bas.

J'entends ici les salaires *réels*, c'est-à-dire comparés au prix de la vie. De ce que les ouvriers gagnent au Japon 45 à 50 centimes par journée de douze heures, tandis qu'ils gagnent en Australie 9 à 14 francs par journée de huit heures, il ne s'ensuit pas pour cela que le travail soit vingt fois mieux payé en Australie qu'au Japon, attendu que la « puissance d'achat de l'argent » est moindre dans le premier pays que dans le second. Mais cette puissance n'est peut-être que trois ou quatre fois plus élevée au Japon qu'en Australie, tandis que les salaires y sont vingt fois inférieurs. D'où l'on peut conclure que la situation y est quatre ou cinq fois moins avantageuse, pour les prolétaires, qu'elle ne l'est en Australie. En Chine, où le manœuvre, non nourri ni entretenu, reçoit environ 70 centimes par jour, tandis que, défrayé de tout, il ne touche que 10 à 15 centimes, la partie du salaire absorbée par les frais de son existence, pourtant si modeste, est, — toutes proportions gardées, — deux fois plus grande qu'en France, et le *bénéfice net* de son travail trois fois moins grand.

L'erreur de la théorie rappelée plus haut vient de ce qu'elle ne définit pas le sens du mot « vivre ». Et en effet, il est impossible de le définir ; il y a mille manières de vivre. Même dans la catégorie populaire, formée par les familles qui dépensent en 1898 moins de 2 500 francs par an, se trouvent confondus des aristocrates du travail manuel et des serfs du bureau de bienfaisance. La compressibilité des besoins, chez le pauvre, est, hélas ! incroyable. Si l'on descend un à un les échelons de la misère, on aperçoit, bien au-dessous de cette vie de privation relative à laquelle sont voués encore beaucoup de nos semblables, des abîmes de détresse au fond desquels l'homme parvient à « vivre » et à se perpétuer. A chaque degré, la liste des articles consommés décroît, à mesure qu'augmente la *part* prise, dans ces budgets amaigris, par les quelques dépenses qu'on n'y peut rayer sans mourir.

Il faut alors s'habituer à être à peine couvert, à se sustenter très mal et très peu. C'est le cas aujourd'hui en quelques nations ; c'a été le cas de la France en des circonstances critiques du passé. De là à l'aisance contemporaine, ou même à une aisance plus grande que l'on peut entrevoir dans l'avenir, on a traversé, on traversera sans doute des nuances successives de bien-être, où de nouveaux besoins sont nés et naîtront peu à peu avec la faculté de les satisfaire.

En comparant les recettes aux dépenses de l'ouvrier, rural ou urbain, nous voyons dans quelle mesure il a pu faire face, pendant les six derniers siècles, à chacun de ces besoins. De tous, le plus pressant est la nourriture et, dans la nourriture, c'est le pain qui vient en première ligne. Le pain, qui représente en moyenne 40 pour 100 des frais de la table ouvrière, descend jusqu'à 15 pour 100 chez les privilégiés de la classe laborieuse et s'élève, dans les familles nombreuses et misérables, — qui ne mangent guère autre chose, — jusqu'à 90 pour 100 du total de l'alimentation. Aussi la question du pain tient-elle une place dominante parmi les préoccupations de nos aïeux. Ce n'est que d'hier qu'elle est résolue.

N'eût-il pour lui, notre XIXe siècle, que d'avoir changé le pain noir en pain blanc et d'avoir assuré à tous les travailleurs l'usage régulier de ce pain, nouveau pour eux, il ne ferait pas, ce semble, mauvaise figure devant l'histoire. Le progrès agricole a augmenté la production du blé ; il en a, par suite, abaissé le prix. Ce prix, la liberté et le bon marché des transports ont permis au commerce de le niveler. Si l'on n'avait pas rétabli, aux frontières françaises, un droit d'entrée sur les céréales, destiné à accroître artificiellement leur valeur, le froment aurait valu depuis dix ans 15 francs à peine et eût donc été moins cher qu'en 1789.

Toutes taxes douanières à part, le maximum d'écart qui peut exister désormais dans les cours du blé sur la surface du globe ne dépasse guère le prix d'un fret maritime très réduit et d'un trajet très court par voie ferrée d'un point du monde à l'autre. D'une année à l'autre, aussi, la différence est à présent peu sensible, parce qu'il est rare que la récolte soit uniformément bonne ou mauvaise sur la totalité de l'univers ; les excédents d'une contrée suffisent à combler les déficits de l'autre.

Dans le domaine beaucoup plus restreint de l'Europe du moyen âge, les transactions commerciales, en les supposant tout à fait libres, n'auraient pu obtenir de pareils résultats. Les nations étaient trop rapprochées pour que leurs récoltes ne fussent pas influencées souvent par les mêmes excès de froid, de pluie ou de sécheresse. Les chroniques anciennes, où nos pères consignaient leurs observations sur les divers fléaux qui désolaient l'agriculture, nous renseignent à ce sujet. Il n'est pas rare de les voir signaler en Allemagne, en Italie, en Angleterre, en même temps qu'en France, une cherté de grains ou une famine, suivie d'une mortalité exceptionnelle, dont ces divers pays eurent à souffrir. Cette concordance se produit en 1125, en 1137, en 1146, en 1195, en 1214, et ainsi de suite dans le cours des siècles. A plus forte raison des phénomènes météorologiques analogues devaient-ils affecter fréquemment les divers fiefs qui constituent à présent notre territoire français.

Toutefois, à côté de ces désastres communs à la « chrétienté » ou au royaume de France, que nous révèle la hausse universelle des prix du blé, il y avait des disettes locales, des avaries partielles, auxquelles les provinces limitrophes auraient pu remédier en se prêtant un mutuel secours. Mais le grain circulait difficilement. Avec l'absence de voies de communication et de moyens de transport, il n'aurait guère pu voyager quand bien même on l'y eût encouragé, et en général on l'en empêchait. Il arrivait donc, avec une et surtout avec deux bonnes récoltes de suite dans une province, que le blé tombait à rien, et qu'avec une ou deux mauvaises récoltes consécutives il atteignait des prix extraordinaires.

Ce double inconvénient se faisait sentir dans la même région, à peu d'années d'intervalle, ou la même année, entre deux régions médiocrement éloignées, parce que l'opinion publique d'autrefois pratiquait le protectionnisme au rebours de celle d'aujourd'hui. Préoccupée de l'intérêt du consommateur qu'elle craignait toujours d'affamer, elle se montrait insensible à l'avilissement des prix, qui ne préjudiciait qu'au cultivateur, et très inquiète au contraire de leur élévation. Un seigneur du littoral obtient-il de construire une forteresse, c'est à la condition expresse qu'il s'engage à ne pas exporter du blé par mer.

C'est par eau en effet que se font les rares échanges de cette époque ; c'est ainsi que l'Italie importe au XIVe siècle des grains d'Orient, que la Poméranie expédiait au XVe siècle son orge en Suède, son seigle en Ecosse et en Hollande. C'est par le port de Saint-Valery-en-Caux, qu'Espagnols et Bretons exportaient sous Louis XI les blés picards, achetés au célèbre marché de Corbie.

Voiturer des grains par terre à des distances considérables, il n'y fallait pas songer. Un court trajet les grevait de charges énormes : pour conduire un hectolitre de blé de Rouen à Amiens, en 1478, il en coûte *le tiers de sa valeur* en port, courtage, péage et octroi. Pour une quotité moindre, on amène actuellement au Havre le froment du Far-West américain, embarqué à Chicago.

Aux dépenses apparentes de transport se joignaient des faux frais difficiles à chiffrer. Ainsi, la sortie des blés étant interdite en principe, pour délivrer un permis d'exportation, le souverain dans les petits Etats, le gouverneur dans les provinces, se faisait volontiers donner une forte somme, qui augmentait d'autant, pour le consommateur, la valeur de cette denrée. Le marchand, il est vrai, était souvent obligé de céder ses grains au prix que les autorités avaient fixé, suivant leur bon plaisir. La puissance sociale, en agissant de la sorte, croyait servir les intérêts du public ; mais, au contraire, lorsque « messieurs de la maison de ville » édictaient des *maxima* au-dessous du cours normal, « leur prudence, au dire d'un écrivain du XVIe siècle, tournait à nuisance » ; il ne venait plus de blé. Le trafic, violenté, se dérobait ; mais peu importe aux administrations du moyen âge ; elles croient pouvoir supprimer son rôle ; même elles l'invitent à ne pas aborder cette branche maîtresse de l'alimentation, où tout gros négociant leur semble un accapareur et par conséquent un ennemi. En bien des districts, ce n'est pas seulement l'exportation, c'est aussi le commerce local des céréales qui est formellement proscrit. Lorsqu'on le tolère, il est resserré par tant de barrières, alourdi par tant d'entraves, qu'il ne rend aucun service.

Bien qu'on ne pût vraiment citer un texte de loi là-dessus, depuis Charlemagne, il n'était pas permis d'acheter les fruits de la terre avant leur maturité, et tous contrats faits au mépris de cet usage étaient nuls. Défense de traiter de la vente des blés non battus, à plus forte raison, des blés en vert. L'achat des blés en vert était, devant les tribunaux ecclésiastiques de jadis, assimilé à l'usure ; il fut prohibé encore par une loi de la Convention, et ce n'est que depuis huit ans, qu'ont été abrogées, par le Code rural, les dispositions anciennes qui punissaient cette opération. Une fois récolté et engrangé, le blé n'était pas affranchi pour cela de la tutelle inquiète du législateur, qui le suivait d'un œil soupçonneux dans tous les greniers où il séjournait. Lors des chertés excessives du XVIe siècle, la crainte des spéculateurs avait fait prendre des mesures draconiennes contre ceux qui semblaient immobiliser à leur profit plus de grains qu'il ne convenait : « défense de garder chez soi du blé pendant plus de deux ans, si ce n'est pour sa provision », permission aux municipalités et aux officiers de justice de faire ouvrir les greniers privés et de prescrire la vente des blés qui s'y trouvaient, « à prix compétent et raisonnable ». Des mesures aussi exorbitantes, se produisant au moment où la marchandise déjà faisait défaut, avaient bien entendu pour effet de paralyser encore davantage sa distribution et d'activer la disette.

Un moyen plus raisonnable employé par certaines grandes villes, pour parer à la famine ou en atténuer du moins les rigueurs, consistait à faire elles-mêmes le commerce des grains dans l'intérêt de leurs habitants, en constituant, dans les années d'abondance, d'énormes réserves qu'elles écoulaient dans les années de cherté. Ce procédé antique, renouvelé du roi Pharaon, dont l'industrie indépendante se charge de nos jours, fut employé pendant de longs siècles par les cités riches d'Italie et d'Allemagne. Pour se procurer les fonds nécessaires, les mairies au besoin empruntaient. Charles-Quint donnait, en 1527, tout pouvoir aux échevins de Lille de « créer des rentes à vie ou autres », afin d'acheter des grains, « vu que les blés n'arrivent pas bien dans cette ville par suite de la guerre avec le roi de France. »

Le cours du blé ne pouvait pas, même quand la récolte manquait, s'élever *ad infinitum*. Au-dessus d'un certain chiffre, les pauvres devaient s'en passer ; ils mangeaient autre chose, ou ils mouraient. Le blé, en haussant, devenait de luxe et la demande en diminuait ; mais le besoin ne diminuait pas. La demande ici ne se proportionnait pas au besoin, quelque cuisant qu'il pût être ; les nécessiteux n'étant plus en mesure de disputer cet aliment, qui leur échappait, à l'élite des gens riches ou aisés.

Sans aller jusqu'à la famine positive, les brusques changements de valeur du grain étaient très douloureux pour la masse. Le blé, ou si l'on veut le pain, qui varie beaucoup *en prix*, ne varie pas beaucoup *en quantité* dans la nourriture. Il tient ainsi, selon qu'il augmente ou diminue, une place plus ou moins grande dans le budget du journalier. Et si sa baisse, en deçà d'un certain chiffre, est de moins en moins sensible, sa hausse, au-delà d'un certain autre chiffre, devient de plus en plus douloureuse. Le peuple en un mot profitait peu des grandes baisses et souffrait beaucoup des grandes hausses. Que le kilogramme de blé, au lieu de valoir régulièrement 10 centimes, vaille le triple pendant un an — soit 30 centimes — et le quart pendant l'année suivante — soit 2 centimes et demi — il ne s'établit de ce chef aucune compensation ; du petit ménage, qui n'épargnera, durant l'abondance, que 7 centimes et demi sur ses frais de bouche, on exige, durant la famine, 20 centimes de plus pour les mêmes fournitures. Un pareil manque d'équilibre réduisait infailliblement à la misère, quand il survenait, la moitié des ouvriers. Il est très rare, à vrai dire, de voir des variations subites du simple au décuple ; ce qui était assez fréquent, c'était une hausse du quadruple, qui faisait passer l'hectolitre de 3 à 12 francs, de 4 à 16 francs ; comme si, de 20 francs aujourd'hui, le blé montait tout à coup à 80 francs.

Les provisions, que les villes accumulaient, ne suffisaient pas à les garantir de ces brusques fluctuations ; il n'y avait pas entre les bonnes et les mauvaises années d'intermittence suivie. La cherté et le bon marché, qui se succédaient à des intervalles inégaux, se jouaient des combinaisons et des calculs de l'édilité urbaine. A plus forte raison défiaient-elles la pauvre prévoyance des campagnards isolés, qui n'avaient ni les capitaux, ni les locaux, ni les loisirs nécessaires, pour lutter avec succès contre les caprices des cours. Aussi l'un des résultats des hausses exagérées du blé, c'est que bien des paysans n'avaient pas de quoi acheter des semences, et que beaucoup de terres restaient incultes pendant l'année qui suivait une disette ; ce qui contribuait à maintenir les chiffres élevés.

II

Au XIIe siècle, les prix de l'hectolitre de froment oscillent entre 87 centimes dans le département de l'Eure (1180) et 43 fr. 50 dans celui du Bas-Rhin (1197). Dans la seule province de Normandie, il se vend, durant la même année, 1 franc à Nonancourt, 4 fr. 50 dans le pays de Caux, 10 francs à Mortain et 16 francs dans le Cotentin. Dans le premier quart du XIIIe siècle, le prix *moyen* de l'hectolitre de blé fut de 3 fr. 80. Pendant la seconde partie du règne de saint Louis, il s'éleva à 5 fr. 80 et pendant la première moitié du règne de Philippe le Bel, à 6 fr. 40. De 1251 à 1300, il varia en Franche-Comté de 4 à 13 francs, en Languedoc de 5 à 12 francs, en Normandie de 92 centimes à 11 fr. 60, et dans l'Ile-de-France de 22 francs à 1 fr. 17.

On constate à la fois des similitudes extraordinaires entre deux points éloignés et, entre deux localités situées à petite distance, des divergences singulières. A quelques années d'intervalle, la position des diverses régions se retourne : celles qui étaient en haut de l'échelle sont en bas et, réciproquement, celles qui regorgeaient de grains, pendant que les autres en manquaient, s'en trouvent privées, alors que les indigentes de la date antérieure ne savent qu'en faire. En 1289, le blé coûte 10 fr. 25 en Piémont et 1 fr. 65 en Alsace ; en 1294, il coûte 11 fr. 50 en Alsace et la moitié seulement en Piémont.

Le blé montait rapidement au commencement du XIVe siècle. La moyenne des vingt-cinq années (1301-1325) avec lesquelles finit la dynastie capétienne directe est de 8 fr. 60 pour l'ensemble de la France. Elle varie, suivant les provinces, de 2 fr. 30 à 28 francs. Peut-être attribuera-t-on l'incohérence de ces moyennes locales à ce que les prix infimes de certaines provinces appartiennent aux années de prospérité et les prix excessifs de certaines autres aux années de famine ; et en effet, dans des recherches de cette nature, on est obligé de prendre les chiffres qui se présentent, au hasard de l'exploration. Mais ce n'est pas à un pareil motif que tiennent les disparités : la Saintonge, qui ressort en moyenne à 2 fr. 50, a connu des cours de 14 francs l'hectolitre ; l'Alsace, que l'on trouve à 28 francs, vendait son blé 2 fr. 60 en 1318.

Quelque normale que soit la récolte, les prix ne s'unifient jamais complètement ; et pour peu que le rendement éprouve quelque diversité, comme en 1344, on voit le grain valoir 1 fr. 40 à Montauban, tandis qu'il atteint 7 fr. 25 dans un département voisin du Languedoc, et se vendre 3 fr. 50 en Normandie, lorsqu'il s'élève à Paris à 17 fr. 25. La période 1351-1375 fut la plus chère des temps féodaux : la moyenne du blé en France s'éleva à 9 francs l'hectolitre. Ces vingt-cinq ans des règnes de Jean le Bon et de Charles le Sage furent aussi ceux où le pouvoir de l'argent devint le plus faible, où la vie était la plus coûteuse [1] ; mais l'augmentation des céréales *dépassait de beaucoup la dépréciation du numéraire.* En 1375-1400, au contraire, le prix moyen du blé diminua de moitié : de 9 francs l'hectolitre il descendit à 4 fr. 65. En France du moins, puisque, d'après les chiffres recueillis par Cibrario, il haussa encore en Piémont de 12 à 15 francs et qu'en Angleterre il baissait seulement de 7 à 5 francs.

Les prix tendirent aussi à se rapprocher d'un point à un autre : en 1384, le froment vaut à Paris et aux environs 4 francs ; à Dijon 4 fr. 60 ; à Albi 5 fr. 60 et à Arras 6 fr. 40. Il n'en est pas de même dans la période suivante (1401-1425), la plus aiguë de la guerre de Cent ans. De 4 fr. 65 il remonte en moyenne à 7 fr. 20, — correspondant à 31 francs de notre monnaie. — Non qu'il n'y ait eu des trêves, des heures d'accalmie, ou des districts plus ou moins éprouvés : ainsi, durant cette période, la Normandie ne paye son blé que 3 francs l'hectolitre, l'Alsace que 4 francs, l'Orléanais que 7 francs, tandis qu'il coûte 10 francs en Roussillon, 16 francs en Champagne et Ile-de-France et 50 francs en Languedoc.

Ce chiffre prestigieux de 50 francs a pour cause les famines dont la région du Midi eut à souffrir, de 1418 à 1428, presque sans interruption. Après s'être vendu, en 1417, 2 fr. 20 seulement à Albi, le froment monta dans cette ville à 29 francs pendant les douze mois suivants, alors qu'à Paris il tombait à 1 fr. 50, prix extraordinaire, motivé, dit le chroniqueur, « par la crainte de la venue des gens de guerre. » C'était le temps où les Armagnacs et les Bourguignons ensanglantaient alternativement la capitale ; les marchands ne tenaient pas à voir piller leurs réserves. Mais l'année n'était pas révolue que déjà le blé, aux Halles parisiennes, sautait à 9 francs puis à 18 francs. Deux ans après, c'est au tour d'Orléans à connaître les difficultés de l'alimentation : le blé y monte à 32 francs l'hectolitre, lorsqu'il ne valait à Paris que 25 francs, et, ce qui paraît incroyable, 1 fr. 50 en Normandie, 4 fr. 20 en Angleterre, et 3 fr. 70 en Alsace.

La famine va et vient ; elle se promène de l'est à l'ouest et visite tantôt une ville, tantôt l'autre. C'est un fléau familier, comme aujourd'hui la peste ou la fièvre jaune en certaines parties du monde. On s'y attend, on s'y résigne, ainsi qu'à une force indomptée de la nature.

---

1 Voyez notre ouvrage sur *la Fortune privée à travers sept siècles.*

A Limoges, en 1433, le blé vaudra 19 francs ; il retombe en 1434 à 4 francs. Alors que le Limousin retrouve le cours normal, le Languedoc le reperd : le blé passe de 5 francs, en 1436, à 24 francs en 1437. Paris, qui payait alors le sien 7 francs, le paie 18 francs en 1438.

Toutefois, à partir de 1440, la situation s'améliore, les cours s'affaissent lentement. Les subits et terribles gonflements des chiffres, symbole du dénuement des estomacs, du désert de la huche à pain, se font rares. Ces chutes et ces ascensions vertigineuses dans les cours ne vont plus être annuellement constatées. La moyenne française se trouve, par suite des bas prix de 1441-1450, de 6 fr. 70 l'hectolitre, semblable *intrinsèquement*, après beaucoup de vicissitudes, dans le deuxième quart du XVe siècle, à ce qu'elle avait été en 1326-1350. Mais les 6 fr. 70 du XIVe siècle ne correspondaient qu'à 23 francs de 1897 et les 6 fr. 70 de 1426-1450 équivalente 30 francs des nôtres. Ainsi le blé était plus cher, en proportion des autres denrées, sous Charles VII que sous Philippe de Valois. L'Angleterre le payait alors un tiers de moins que nous.

Avec le milieu du XVe siècle commence cette ère de prospérité matérielle — les sept vaches grasses de notre histoire — qui durera jusqu'à la première partie du règne de François Ier. En 1451-1475, le blé baissa de moitié par rapport à la période antérieure : de 6 fr. 70 il tomba à 3 fr. 25, plus bas qu'à aucune autre date, plus bas même que sous Philippe-Auguste, où il avait valu 3 fr. 80. En 1476-1525, il ne s : éleva pas en général au-dessus de 3 francs pour l'ensemble du royaume. Comme le calme politique dont on jouissait alors ne garantissait pas le paysan de l'inclémence des saisons et des disettes qui en résultaient, — le grain valut en Saintonge 18 francs en 1481, 28 francs à Agen en 1523, — pour que la moyenne des mercuriales n'ait pas dépassé 3 fr. 25 et 4 francs pendant ces soixante-quinze années, il fallut que certaines provinces aient compensé, par un bon marché inouï, l'élévation des cours en certaines autres. En effet, l'Ile-de-France ne paya l'hectolitre que 3 francs, la Normandie que 2 francs, le Berry que 1 fr. 85.

Les cours du XVe siècle sont loin à coup sûr d'avoir l'uniformité des nôtres, qui ne diffèrent entre eux, d'une extrémité à l'autre de la République, que d'un dixième au plus ; mais comme les taux les moins avantageux au consommateur, en ce temps, ne différaient pas beaucoup des chiffres que le froment atteignait normalement cinquante ans plus tôt, l'ensemble des classes laborieuses avait, en somme, peu à souffrir de leurs variations. En 1464, l'année de la plus abondante récolte peut-être, à en juger par les prix, *des six siècles qui ont précédé le nôtre*, l'hectolitre se vendit 1 fr. 75 à Strasbourg, 1 fr. 25 à Amiens, 1 fr. 10 à Albi, 85 centimes à Paris, 70 centimes en Normandie et 56 centimes à Soissons. — Le même siècle qui avait vu le froment à 70 francs le vit aussi à 56 centimes. — Une semblable uniformité dans le bon marché n'est pas unique ; il n'est pas très rare que le blé vaille, comme en 1495, 2 fr. 30 dans le Midi, 2 fr. 20 dans le Centre et 2 fr. 40 dans le Nord ; et les disparités du simple au double, qui ne peuvent guère être évitées à une époque où les marchandises sont peu transportables, au lieu d'être la règle comme jadis, deviennent alors l'exception : ainsi, en 1509, ce que Marseille paie 4 fr. 30 se vend 1 fr. 45 à Strasbourg, tandis que l'année suivante c'est le contraire : le Midi est favorisé — le cours est de 1 fr. 30 à Albi ; — le Nord est mal partagé — Bruxelles s'élève au prix de 4 fr. 70.

D'ailleurs 4 et 5 francs l'hectolitre ne font, en *argent actuel*, que 24 et 30 francs de nos jours ; on a vu souvent des chiffres plus élevés il y a quarante et cinquante ans ; tandis que 1 fr. 50 et 2 francs ne faisaient que 9 et 12 francs de 1898, par conséquent un prix très avantageux pour le manœuvre qui gagnait alors 3 francs de notre monnaie. Ces observations demeurent vraies jusqu'à la fin du règne de Louis XII et dans les commencements de celui de son successeur.

A partir de 1525, les prix vont s'élever sans aucun arrêt et avec une rapidité inouïe. Dans le demi-siècle qui sépare 1526 de 1575, la moyenne du territoire français avait passé de 4 à 7 francs, puis à 12 francs. Et comme la valeur relative des métaux précieux demeurait le triple de la nôtre, les 12 francs de 1551-1575 correspondaient à 36 francs de 1898. Le blé coûtait donc à cette date 80 pour 100 de plus qu'aujourd'hui. Il est présumable que déjà ces cours excessifs provoquaient une grande misère ; d'autant que leur irrégularité ancienne, compagne inséparable des époques troublées, recommence : en 1555, l'hectolitre se vend 7 francs à Strasbourg, 16 francs en Languedoc et 30 francs à Lille, qui eut au reste, durant toute la seconde moitié du XVIe siècle, ce fâcheux privilège de tenir constamment la tête des mercuriales. Il est très rare que cette primauté lui soit enlevée.

Si nous parcourons la France en 1572, l'année de la Saint-Barthélémy, nous trouverons, pour l'hectolitre de blé, une échelle de chiffres qui commence par 1 fr. 35 à Caen, et finit par 33 francs à Tulle. Entre ces deux extrêmes on « cotait », suivant la formule des bulletins commerciaux d'aujourd'hui, à qui ces pages d'histoire — nécessairement arides — ressemblent trop sans doute au gré du lecteur, on cotait 15 francs à Nîmes et 26 francs à Paris.

Sous Henri III, et dans les derniers vingt-cinq ans du siècle, les chiffres de 30 et 40 francs ne sont presque plus extraordinaires. Ce cycle de cent années, qui avait vu à son aurore les prix les plus bas que l'on puisse noter de 1200 à 1800, vit à son déclin les cours les plus hauts de toute la monarchie. Trois ans après l'avènement nominal de Henri IV, au fort de la Ligue, en 1592, la moyenne des prix fut de 35 francs, avec une gradation débutant à 8 francs dans l'Indre, passant à 14 francs à Châteaudun, à 16 francs à Orléans, 22 francs à Lille, 30 à Paris, 40 à Brive et se terminant à 66 francs à Marseille et à 79 francs à Albi. Les moyennes des années 1595 et 1596 sont de 47 et 43 francs. Nul ne songerait à nier que les guerres civiles et étrangères aient influencé très fortement les cours des céréales ; la température y joua sans doute quelque rôle ; mais l'accroissement de la population fut à coup sûr l'une des causes prédominantes. Le même phénomène se faisait sentir chez nos voisins, les Anglais, où le blé valut, en 1590-1600, 15 fr. 50 l'hectolitre ; après avoir coûté dans les périodes antérieures, 10, 7 et jusqu'à 3 fr. 50 en 1510. Chez nous il était passé, durant le même laps de temps de 4 à 20 francs. Or il est clair que la valeur des monnaies n'avait pas diminué de 5 à 1, ni d'un côté du détroit ni de l'autre. Le prix de 20 francs l'hectolitre était un prix de famine, puisqu'il représente 50 de nos francs de 1898.

Il est bon de toucher ici du doigt la vieille erreur où sont tombés tant d'écrivains, en affirmant que « le blé, de tout temps, s'est équilibré à la population et à ses besoins. » Le blé, disait l'un d'eux, le comte Garnier, au commencement de notre siècle, est la mesure naturelle des salaires ; sur cette mesure *se règle le prix du travail*, qui est lui-même l'élément primitif de toutes les valeurs échangeables... »

Deux propositions également fausses. Adam Smith avait pensé que le *criterium* de la valeur relative de l'argent pouvait être cherché dans le travail, réduit à sa plus simple expression : le salaire du manœuvre. Mais le prix du blé ne détermine ni le taux des salaires, ni la valeur des métaux. Chacune de ces marchandises, — argent, travail, denrées, — hausse et baisse tout bonnement selon qu'elle est plus ou moins offerte, plus ou moins demandée.

Le rapport de l'argent avec le blé n'est pas du tout semblable au rapport de l'argent avec les salaires ; selon qu'on s'appuierait sur l'une ou sur l'autre, on trouverait des coefficients très différents ; parce que tantôt le grain coûtait *six fois* moins cher qu'aujourd'hui, pendant que les salaires étaient seulement *quatre fois* moindres que les nôtres ; tantôt les salaires étaient le tiers de ce qu'ils sont aujourd'hui, pendant que le grain coûtait le même prix qu'à l'heure actuelle. Les variations respectives du blé et des salaires sont rendues aisément saisissables par l'évaluation, *en froment*, du gain annuel des journaliers.

Le travailleur manuel se procure aujourd'hui, avec les 750 francs que produisent ses 300 jours de labeur, 37 hectolitres et demi de froment. Le même travailleur, avec les 125 francs, équivalant aux 250 jours de son année « servile », en obtenait 30 hectolitres sous saint Louis, il n'avait plus que 23 hectolitres sous Philippe le Bel. Au XIVe siècle, il gagnait successivement 19 hectolitres (1301-1325), montait à 30, puis à 42 hectolitres, au commencement du règne de Charles VI (1376-1400), pour redescendre à 24 dans le demi-siècle suivant. Au contraire, de 1451 à 1525, le manœuvre gagne 46 hectolitres, puis 36 hectolitres et demi par an. Sa situation est donc meilleure, à tout le moins égale à ce qu'elle est en 1898. Mais cette ère fortunée ne dure pas. En 1526-1550, il ne se procure plus que 25 hectolitres, puis 15 seulement en 1551-1575, enfin *neuf hectolitres trois quarts* en 1576-1600. Il est donc, sur ce chapitre si important de l'alimentation, quatre fois moins riche alors que notre ouvrier contemporain.

III

En admettant qu'un laboureur ou un artisan consomme journellement un kilo de pain, soit environ 500 litres de blé par an, il aurait eu à peine, avec la valeur des 475 litres restant sur sa paie disponible, de quoi se vêtir, se loger, s'éclairer. Encore eût-il dû se contenter de pain sec et d'eau fraîche. Même, ce pain de froment lui aurait manqué, s'il avait eu la charge d'une famille ; puisque la femme de la campagne, qui mange à peu près autant de pain que l'homme, gagne moitié ou un tiers de moins, et que les jeunes enfants, qui ne gagnent rien, ou très peu de chose, ont un appétit très exigeant. Le manœuvre se contentait donc de pain de méteil, de seigle, d'orge, de sarrasin, de millet et, dans les mauvaises années, de pain d'avoine. Toutes les farines étaient mises à contribution.

Le rapport des prix de ces grains entre eux variait d'une année à l'autre, suivant le plus ou moins d'abondance du froment. Proportionnellement à ce dernier, le seigle se trouvait en général beaucoup plus et l'avoine beaucoup moins chère que de nos jours. L'avoine dut être, dans les périodes cruelles, la ressource des pauvres gens. C'est à elle que les ventres affamés avaient recours. Quand le blé est à bon marché, l'avoine coûte le tiers ou la moitié de cette céréale ; quand il augmente, elle ne le suit que de loin ; elle ne vaut plus que le quart ou le cinquième du froment.

C'est ce passage constant d'une farine à l'autre qui m'a obligé à ne tenir compte que des cours du grain non moulu et à négliger les prix du pain. Avec le blé, chacun sait de quoi l'on parle ; avec le pain, on l'ignore. Au moyen âge, et dans les temps modernes jusqu'à la Révolution, l'autorité municipale taxait non pas le *prix*, mais le *poids* du pain. La miche se vendait pour une somme invariable et s'allégeait ou s'alourdissait suivant que le blé montait ou baissait de prix. Mais, quand le boulanger, tout en continuant à vendre chaque pain le même prix, diminuait son poids de moitié ou davantage, l'ouvrier, qui ne pouvait ni en acheter le double, ni se contenter d'une quantité insuffisante, se résignait à un changement dans son ordinaire. Le besoin faisait passer son pain par une gamme de tons de plus en plus foncés : de blanc, il devenait gris, puis brun, puis noir.

Ces mots « bon pain », « pain blanc », « pain noir », qui traînaient dans le langage, les « dits » nombreux qu'ils avaient fournis, les proverbes et les expressions dans lesquels le pain s'était introduit, trahissent des soucis de nos pères, inconnus aux générations nouvelles. Est-ce aujourd'hui une qualité bien rare que d'être « bon comme du bon pain » ? Nul ne se préoccupe de « ne pas manger son pain blanc le premier », ni ne redoute d'en être réduit « au pain noir de l'adversité », simples métaphores désormais, comme le « pain amer de l'exil ». Quelle que soit l'adversité qui frappe un Français de 1898, il lui serait bien difficile de trouver du pain noir dans sa patrie. Nos indigents mangent le pain de pur froment des princes de jadis.

La variété des pains usités dans les siècles passés rend très hasardeuse toute comparaison que l'on en voudrait faire, soit entre eux, soit avec le pain de nos jours. Dans ce qu'on nommait « pain blanc », au XIVe siècle, il entrait souvent une forte portion de seigle. Le roi de France et le duc de Bourgogne se montraient, à cette époque, très friands d'un certain « pain anglais » à eux seuls réservé, qui sans doute ne valait pas celui de nos boulangeries parisiennes. Charles VI se régalait avec des échaudés, semblables à ceux que les nourrices aujourd'hui acceptent à peine. Notre pain de luxe eût été un gâteau, notre pain ordinaire était un luxe.

Aussi, quand on trouve le prix du pain, sans aucune épithète, demeure-t-on fort perplexe. Il est des pains de toutes farines et des farines plus ou moins coupées de son. Quelle pouvait être cette pâte inférieure qu'un document officiel taxe à 10 centimes le kilo en 1350, lorsque, quelques années plus tard, le pain « claret » valait 35 centimes, le pain « tourte » 38 centimes et le pain « seminel » 48 centimes ? Ce dernier, à vrai dire, confine à la pâtisserie ; on interdit sa fabrication lors des hausses du blé ; on la prohibe aussi en carême. Au-dessous du « seminel », on note, au XVe siècle, le simple pain blanc ou « fouache », puis le pain bis de ménage, ou « pain à bourgeois », et enfin le pain *brun*, de deux qualités, à l'usage du peuple. Le pain blanc se vend-il 27 centimes le kilo à Paris, en 1421, le « pain brun » ne coûtera que 17 centimes et le « pain de labour » 13 centimes. Mais que penser de ce type vulgaire coté un quart au-dessous du pain brun ? C'était là sans doute ce « gros pain balle » dont parlera Rabelais, c'est-à-dire un pain qui contenait toute l'écorce ou glume du grain.

On arrivait ainsi à céder ce pain *buret* ou *rousset* pour moitié du prix du pain blanc ; lorsque ce dernier coûtait 24 centimes le kilo, l'autre ne dépassait pas 12 centimes. Malgré tout, le pain s'éleva fort ; la première qualité atteignit 1 fr. 20 le kilo vers la fin du XVIe siècle, tandis que le pain des prisonniers ou des pauvres revenait à 28 centimes.

IV

Le pain absorbait en moyenne un quart des recettes de la classe ouvrière, aux champs ou dans les villes ; les autres denrées pouvaient être considérées comme formant ensemble un tiers de son budget, soit 35 pour 100. De ces denrées la plus importante est la viande, y compris le lard et la graisse, à laquelle le prolétaire consacre environ 10 pour 100 de ses dépenses.

Si le blé est, parmi les objets de consommation constante, un de ceux qui ont le moins augmenté depuis sept siècles, la viande est, au contraire, la marchandise qui a le plus renchéri. En s'attachant aux prix du bétail sur pied, on trouverait des différences prodigieuses entre les chiffres d'autrefois et ceux d'aujourd'hui. A l'époque de la plus grande baisse des animaux de boucherie et des grains, au milieu du XVe siècle, on vendait une vache pour 160 litres de froment dans la Manche, à la Haye-du-Puits (1454) et un mouton pour 20 litres de froment. Dans cette localité, les 160 litres de froment valaient alors 6 francs et les 20 litres valaient 75 centimes. Le mouton que l'on cédait ainsi, à la fin du règne de Charles VII, pour 75 centimes était meilleur marché que ceux qui se négociaient à Athènes, 600 ans avant Jésus-Christ, pour une drachme ou 93 centimes. De nos jours, vache ou bœuf coûtent en moyenne 380 francs, soit 1900 litres de froment au lieu de 160 ; le mouton se vend en général 30 francs, soit 150 litres de froment au lieu de 20.

Ce n'est là qu'un exemple, entre cent, des changements de rapport qu'ont éprouvés, les unes vis-à-vis des autres, dans la suite des temps, les diverses marchandises. La vache et le mouton que nous citons ici n'étaient pas, à vrai dire, l'honneur de l'espèce ; leur prix est très inférieur à celui de la plupart des sujets adultes de leur race, à cette époque. Mais combien la valeur ordinaire de ceux-ci paraîtra minime en regard des mercuriales de 1898 ? Au XIIIe siècle, les bœufs ou les vaches se vendent en moyenne 37 francs, les moutons 3 fr. 60, les porcs 9 francs, soit *le dixième* des animaux de même nom à la fin du XIXe siècle. De 1301 à 1400, le prix des bœufs éprouve peu de variations ; la moyenne oscille entre 24 et 53 francs. Les autres bestiaux augmentent légèrement ; seuls les porcs, à 14 francs, ont une plus-value sérieuse. Au siècle suivant, la baisse est générale ; elle atteint son maximum sous Louis XI, où les bœufs ne valent plus que 22 francs, les veaux et les porcs que 5 francs, les moutons que 1 fr. 50. Mais, depuis Charles VIII jusqu'à Henri III, les bestiaux enchérissent d'une façon ininterrompue suivant le mouvement ascensionnel de tous les prix et arrivent, au début du XVIIe siècle, à valoir : les bœufs, plus du double, 56 francs ; les porcs, plus du triple, 17 francs, et les moutons, le quintuple, 7 fr. 50, de ce qu'ils s'étaient vendus cent vingt-cinq ans auparavant. La hausse des moutons était récente : dans le marché passé entre Panurge et Dindenault, ce dernier, déclarant que « le moindre de ses moutons vaut quatre fois ceux que les habitants de la Colchide vendaient un talent d'or », demande 3 livres tournois pour un animal à choisir dans tout le troupeau, soit intrinsèquement 10 francs. — « C'est beaucoup, répond Panurge ; en nos pays, j'en aurais bien cinq, voire six, pour telle somme de deniers. » Panurge offrait ainsi 10 à 12 sols, soit 1 fr. 83 ; ce qui, à l'époque de la publication de *Pantagruel* (1547), concorde avec nos moyennes.

Je ne saurais dire s'il s'était manifesté quelque hausse, depuis le milieu du moyen âge, dans les quatre siècles qui séparent la mort de Charlemagne de celle de Philippe-Auguste. En 834, on achetait un bœuf en Bretagne pour 12 francs ; on en payait un autre 34 francs aux environs de Paris, en 840. Les chiffres sont trop rares pour servir de base à une estimation. Ce qui est certain, c'est que, dans le cours des quatre siècles suivants, — 1 200 à 1 600, — après les fluctuations que je viens de signaler, les bestiaux n'avaient augmenté que de 50 pour 100 en général.

Les prix qui ont servi à édifier ces moyennes varient naturellement dans chaque espèce et dans chaque localité selon l'âge et la qualité de chaque animal. Il existe à Paris, au XIVe siècle, des bœufs de 24 francs et des bœufs de 107 francs. Mais il est remarquable que le prix *moyen* ne paraît pas différer sensiblement, non seulement en France, d'une province à l'autre, mais dans toute l'Europe centrale ; en 1277, une vache vaut 35 francs à Genève, comme à Londres, dans le Maine ou en Artois.

Nous ne pouvons du reste tirer aucune conclusion du prix des *bestiaux sur pied*, parce qu'ils ne ressemblent en rien aux nôtres.

Ces bestiaux du moyen âge n'ont de porcs, de moutons et de bœufs que le nom. Beaucoup sont des animaux à demi sauvages, n'ayant que la peau sur les os et traînant, à travers les landes, une existence dépourvue de tout engraissement. Pour ceux mêmes que l'on nomme « gras », par comparaison, cette épithète est très relative. Un seigneur de Basse-Normandie, le sire de Gouberville, consigne dans son journal (1555) que, tel jour, il est allé « à la forêt voir ses bêtes qu'il ne trouva point ». Il aperçut seulement « le taureau qui clochait, que l'on n'avait point vu depuis deux mois ». Le système agricole pratiqué par la France du moyen âge était peut-être propice à la reproduction, à la pullulation du bétail, il l'était très peu au développement, à l'épaississement de chaque bête.

Les innombrables quadrupèdes lâchés dans la vaine pâture ont de quoi subsister tout juste, de quoi vivre et grandir ; ils ont rarement de quoi prospérer. Un bœuf, pompeusement offert à Charles-Quint par la ville de Malines, est regardé comme un vrai phénomène parce qu'il pèse un millier de kilos. De pareils sujets sont ordinaires dans nos concours régionaux, et il en est chaque mois, à l'abattoir de la Villette, dont le poids vif est moitié plus fort. Un traité d'économie rurale du XIIIe siècle évalue le produit d'une vache bien nourrie à 93 deniers pour les six mois d'été (15 avril au 15 octobre) et à 10 deniers seulement pour les six autres mois, c'est-à-dire à *neuf fois moins*.

Ce rendement intermittent montre que les vaches d'autrefois ne produisaient rien, ou très peu de chose de plus que rien, pendant la moitié de l'année. Tout ce qu'elles pouvaient paître, pendant la saison morte, les empêchait seulement de mourir. Encore l'auteur de cette féodale « Maison rustique » prend-il soin de nous avertir que, pour arriver à ce piètre résultat d'une demi-année, envisagé par lui comme un maximum, la vache doit être, du printemps à l'automne, dans un bon pâturage ; que, s'il s'agit de bêtes nourries dans les bois, les prés fauchés ou les champs moissonnés, il en faudra trois pour donner la même quantité de lait. Or, la grande majorité de l'espèce bovine se contente de ce modeste ordinaire et ne fournit, lorsqu'elle fournit quelque chose, — car souvent on s'abstient de traire les vaches durant six mois, — que 6 à 700 grammes de beurre par semaine.

Aussi, quoique le prix des bestiaux soit minime, le beurre, le fromage, le lait surtout, sont relativement coûteux. Du 1ᵉʳ novembre au 1ᵉʳ mai, le litre de lait se vendait trois fois plus cher que dans le reste de l'année. Et l'on ne s'expliquerait pas ce fait, si l'on ne savait que le foin aussi est très onéreux, parce qu'il en est très peu récolté, proportionnellement au nombre de bouches auquel il est destiné, et parce qu'avec le système communiste en vigueur, personne ne se soucie d'améliorer des prairies pour autrui.

Une autre preuve de cette maigreur des bestiaux, du faible débit auquel ils se prêtent, nous est fournie par la comparaison du prix de l'animal sur pied avec celui du kilogramme de viande *autrefois et de nos jours*. De ce que la moyenne actuelle du prix des vaches ou des bœufs s'établit à 380 francs, lorsque le kilo de bœuf se vend au détail 1 fr. 60, il résulte que l'animal représente, en viande nette, 237 kilos ; en fait, il représente davantage, puisque le boucher prélève un bénéfice qui suppose l'existence d'un rendement supplémentaire en poids, mais il en était de même jadis.

Négligeons donc, puisqu'il ne s'agit ici que d'une approximation, la part du commerçant, aussi bien au XIXe siècle qu'au XIVe ou au XVIe. Cet animal, qui pèse aujourd'hui 237 kilos, n'a jamais atteint une moyenne semblable dans les âges antérieurs. Le poids le plus fort qu'accuse le rapprochement des prix de vente « au détail » et « sur pied » est de 180 kilos en 1350 et en 1550 ; il descend jusqu'à 120 et 110 kilos seulement de 1376 à 1450, pendant la période la plus critique qu'ait traversée l'agriculture. Sans doute personne ne songeait, en ce temps-là, à soumettre au régime de l'élevage des sujets menacés d'une rafle permanente de la part des brigands-guerriers. On laissait les individus de chaque race se tirer d'affaire comme ils pouvaient. C'est, en effet, à la même époque que l'on constate les plus petits poids pour les moutons et les porcs.

Les premiers, qui pèsent en moyenne 18 kilos, n'en pesaient que 9 sous Charles VII ; les seconds, qui équivalent actuellement à 60 kilos, n'en rendaient alors que 18. Pour les veaux, au lieu des 44 kilos du rendement contemporain, on n'en tire pas, en moyenne, — de 1200 à 1500, — plus de 27 kilos par tête. Cette situation se prolongea jusqu'aux temps modernes. Dans le marché passé sous Louis XIV pour la fourniture de la cour (1659), il est porté que les veaux pèseront au minimum 15 à 20 kilos. La distance est moins grande, par conséquent, entre le prix ancien du *kilo de viande* et son prix actuel, qu'elle n'est, entre les prix des deux époques, pour le *bétail sur pied*. Aux XIVe et XVe siècles, par exemple, lorsque le bœuf et le mouton valent jusqu'à vingt fois moins que de nos jours, la viande ne descend pas, en général, au-dessous du dixième de sa valeur présente.

Bien que réduite à des proportions moindres qu'on ne l'imaginerait tout d'abord, d'après le prix infime du bétail, la différence entre la valeur de la viande de boucherie, du XIIIe au XVe siècle, et celle de 1897, n'en est pas moins très importante. Par son bon marché, la viande était un aliment de consommation journalière, « de première nécessité », croyait-on, et l'on ne supposait pas qu'on dût être forcé de la regarder plus tard comme un luxe. De 1301 à 1450, alors que le blé vaut la moitié ou le tiers de ce qu'il coûte aujourd'hui, le kilo de bœuf ne participe pas à cette hausse et se paie le sixième de son prix actuel. A partir de 1450 jusqu'en 1525, tandis que la rémunération du travail correspond au *quart* de ce qu'elle est à la fin du XIXe siècle, le kilo de bœuf s'achète onze fois, dix fois, sept fois moins cher ; le kilo de porc, sept et cinq fois meilleur marché. Quant au veau et au mouton, quoiqu'ils aient joui naguère, comme de nos jours, d'une légère prime, le kilogramme de l'un et de l'autre, qui se vendent maintenant 1 fr. 80, oscillent en moyenne entre 17 et 26 centimes, de 1450 à 1525.

Ce sont là soixante-quinze années de bombance, où le populaire peut manger à sa faim ; il va pâtir ensuite durant trois siècles. Sous Louis XI, en Normandie, les ouvriers mangent de la viande trois fois par semaine ; dans l'Est, ils en mangent tous les jours. La ration quotidienne de ceux qui sont nourris par leurs patrons dépasse souvent 600 grammes. Le manœuvre d'aujourd'hui, avec ses 2 fr. 50 de salaire, gagne environ 1 600 grammes ; au XIIIe siècle, le produit de sa journée équivaut à 1 900 grammes, et à 2 500 grammes, au XIVe siècle. Dans la seconde moitié du XVe siècle, elle atteignit 3 700 grammes de bœuf et 2600 grammes de porc. La viande était donc, *par rapport aux salaires les plus médiocres, à moitié prix* de ce qu'elle est en 1898.

Avec le XVIe siècle, la situation va se modifier profondément. Dès l'avènement de François Ier, le journalier ne gagne plus que 2 700 grammes de bœuf ; à la fin du règne de Henri III, il n'en gagnait plus que 1 850 grammes. « Du temps de mon père, écrit un auteur en 1560, on avait tous les jours de la viande, les mets étaient abondants. Mais aujourd'hui tout a bien changé ; la nourriture des paysans les plus à leur aise est inférieure à celle des serviteurs d'autrefois. » Si quelqu'un, en effet, eut le droit de vanter le passé, ce fut certainement l'homme de labeur de la fin du XVIe siècle, lorsqu'il comparait son sort à celui de ses aïeux immédiats. C'est en vain que l'échevinage subventionne parfois les bouchers, — suivant l'usage socialiste de l'époque, — « pour qu'ils n'augmentent pas le prix de la viande ». Le renchérissement revêtit l'aspect d'une calamité publique ; les luthériens eux-mêmes, en Alsace, défendirent d'abattre aucun bétail pendant le carême ; mesure qui demeura en vigueur, dans cette province, un siècle après l'introduction du protestantisme.

Peut-être y a-t-il un atavisme de l'estomac ? la privation ne fut pas acceptée sans murmure par les classes laborieuses. « Le pauvre peuple de Normandie, disaient les doléances de 1584, est à présent réduit *en telle extrémité qu'il n'a moyen de manger chair* ; ainsi se nourrit de fruitages et de laitages. » A Nîmes, où la consommation de la viande est présentement de 55 kilos par tête et par an, elle était tombée en 1590 à 1 kilo et demi ; ce qui explique le proverbe languedocien de cette époque : « Ail et *viande*, repas de richard ; ail et pain, repas de paysan. » La vérité, c'est que le haut prix des céréales forçait l'ouvrier à consacrer au pain presque tout l'argent qu'il employait naguère à l'ensemble de sa nourriture. La viande était, en somme, trois fois moins chère encore que de nos jours, tandis que le blé coûtait le même prix qu'aujourd'hui, et les salaires n'atteignaient pas le tiers des nôtres.

Le bœuf se payait, à la fin du XVIe siècle, 42 centimes le kilo en moyenne ; mais la graisse destinée au potage valait 1 fr. 30. Cet écart énorme, — juste l'opposé de celui que nous voyons maintenant, — montre que les animaux consommés étaient plus nerveux et plus membrés que gras. Aussi le cuir est-il abondant, tandis que le suif est rare ; et pendant que les souliers coûtaient cinq fois et demi moins que les nôtres, les chandelles se vendaient un tiers de plus qu'aujourd'hui. La même disproportion existait entre le porc, qui valait 45 centimes et le lard, qui se vendait 1 fr. 20 le kilo.

Quand on entend les Normands se plaindre, sous Henri III, d'en être réduits à se nourrir, par économie, de « fruitages et laitages », on peut croire que, pour le laitage, ce n'est là qu'une simple formule ; car le lait et le beurre, avec des vaches soumises au régime que l'on a vu tout à l'heure, étaient des denrées toujours plus haut cotées que la viande. Le beurre, qui, du XIIIe au XVe siècle, varia en Angleterre de 49 à 60 centimes le kilo, monta en France, sous Charles VI et Charles VII, jusqu'à 80 centimes, 1 franc et 1 fr. 50 en moyenne. Il était redescendu à 50 centimes, pendant les cent ans qui séparent l'avènement de Louis XI de la mort de François Ier, pour s'élever de nouveau à 1 fr. 25 dans le dernier quart du XVIe siècle. Il valait le même prix à Francfort ; mais la Grande-Bretagne ne payait le sien que 95 centimes. Le beurre frais, sensiblement plus cher que le beurre salé, s'était vendu dans les environs de Paris, au XIVe siècle, jusqu'à 3 et 4 francs le kilo.

Le litre de lait variait de 10 à 20 centimes à cette époque ; plus tard et jusqu'au règne d'Henri IV, il se paya 8 centimes environ en lait ordinaire ; la crème valait 46 centimes et le lait écrémé ou battu 3 centimes et demi. La plupart des renseigne mens recueillis sur les fromages ne peuvent être utilisés, d'abord parce que les prix sont donnés « à la pièce », sans indication de poids ; — or il est des fromages de 100 grammes et d'autres de 50 kilos ; — ensuite parce que le plus grand nombre portent des noms empruntés à une localité du voisinage, — jusqu'au XVIe siècle les fromages ne font pas de longs parcours, — dont la réputation est aujourd'hui perdue. Nous ignorons, par suite, le genre de fermentation laiteuse et la famille à laquelle ils se rattachent. La comparaison de leurs prix avec ceux du beurre est un indice de leur qualité médiocre ; chacun sait qu'il existe trois sortes de fromages : ceux qui sont le produit du lait naturel, ceux auxquels on a ajouté de la crème et ceux à qui on l'a enlevée. A cette dernière catégorie se rattachaient la plupart des espèces communes — fromages blancs ou « de presse » — dont le peuple se contentait. Mais le fromage d'Auvergne valait 65 centimes en 1567, et le « Cantal » aujourd'hui ne se paie guère plus du double ; le « Hollande » coûtait alors 1 fr. 32 à Bruxelles, il se vend maintenant 2 francs à Paris . le « parmesan », que nos contemporains achètent 3 francs le kilo à Paris, était coté 2 francs au XVIe siècle. En somme, le lait, le beurre et le fromage ont beaucoup moins enchéri que la viande ; c'est un résultat des progrès de l'agriculture. Quoique le kilo de vache vaille aujourd'hui sept fois plus que sous Louis XII, le lait de cette vache et ses dérivés ne valent, eux, que trois fois et demi plus cher, et la même proportion se retrouve à toutes les époques. C'est une distinction qui a son importance.

Les œufs, au contraire, dont on peut évaluer la douzaine au prix moyen de 1 franc en 1897, sont une des denrées qui ont le plus augmenté. Aux environs de Paris, elle oscillait, dans la seconde moitié du XVe siècle, de 7 à 19 centimes, et coûtait en moyenne douze fois moins qu'à présent ; durant les soixante-quinze années précédentes (1376-1450), bien que d'un prix plus élevé, elle s'était vendue six et huit fois meilleur marché qu'aujourd'hui ; au XVIe siècle et même au XIVe, elle était aussi demeurée inférieure au coût général de la vie. Les œufs sont donc, avec la viande, l'aliment qui s'est le plus dérobé à la consommation, si l'on suppose, comme il est vraisemblable, que, du bon marché — indice d'abondance — résulte un usage universel. Le même fait persista de 1501 à 1575, avec les prix de 13, 15 et 26 centimes, pour la douzaine d'œufs, dans ces trois quarts de siècle, où le cours de toutes choses était seulement cinq, quatre et trois fois plus bas d'ordinaire que de nos jours.

V

Le vin a été la boisson usuelle des Français du moyen âge. La vigne était cultivée sur la totalité de notre territoire, dans les départements même où l'on boit aujourd'hui de la bière et du cidre. Toutefois, comme la température n'a pas varié depuis deux mille ans en Europe, il est facile d'augurer que les raisins de Normandie, Picardie ou Ile-de-France, d'une maturité le plus souvent imparfaite, ne donnaient qu'un liquide peu alcoolique, sujet à aigrir et incapable de se conserver. C'est pour ce motif qu'au rebours de ce que nous voyons maintenant, le vin nouveau était toujours plus haut prisé que le vin vieux ; on l'absorbait « tout chaud », suivant l'expression villageoise, avant que l'acide acétique n'y eût fait des ravages, et souvent on l'additionnait de miel.

Cette incapacité à produire de bons vins ne s'appliquait pas aux districts du Midi ayant pour eux le soleil ; cependant, tous les crus aujourd'hui renommés sont modernes, et presque tous les crus renommés jadis sont complètement oubliés. Est-ce le goût qui a varié depuis six siècles, et les clos bordelais, par exemple, donnaient-ils, au temps de la domination anglaise, le même jusqu'en 1898 ? Peut-être, puisque rien ne démontre qu'une bouteille de Château-Laffite soit *intrinsèquement* meilleure qu'un litre de « petit bleu » et puisque, l'on aurait beau disserter, on n'arriverait pas à s'entendre sur ce qu'il convient d'appeler « piquette » et sur ce que l'on doit nommer « bon vin ». Le cru de Rebrechien près Orléans, qui faisait les délices du roi Henri Ier (1050), devint ensuite si déprécié qu'il fut défendu, à la fin du XVIe siècle, de le jamais servir sur la table royale. Le vignoble auvergnat de Saint-Pourçain est de tous le plus en vogue au temps des premiers Valois, et peu de gens, même en Auvergne ou en Bourbonnais, connaissent maintenant son nom.

Nos pères, toutefois, devaient avoir les mêmes appétences que nous, en fait de vin ; plusieurs observations le prouvent. Ils fuyaient l'acidité autant qu'il était en leur pouvoir et n'épargnaient pas les quolibets aux « tord-boyaux » — ainsi les nommaient-ils — du Cotentin ou du pays d'Auge. Les gens de l'Ouest recherchaient les vins « français », c'est-à-dire récoltés en Ile-de-France, et les habitants de cette dernière province importaient les produits de Bourgogne et du Centre. Quoiqu'il fût de règle d'interdire, dans l'intérêt des viticulteurs locaux, l'importation des vins étrangers, et, dans l'intérêt des consommateurs, l'exportation des vins du pays, le vin circulait néanmoins aux temps féodaux ; mais il ne circulait que par mer et, par les voies fluviales, dans le sens de la descente.

Le privilège de la position primant la qualité du vignoble, l'effort des propriétaires se porte exclusivement sur les terroirs faciles à exploiter et, si beaucoup de clos n'ont été appréciés que fort tard, c'est peut-être simplement que naguère ils n'existaient pas. Cette difficulté des transports poussa l'agriculture, dans le Nord, au début du XVIe siècle, à planter partout des vignes. On voit à cette époque disparaître, des comptes de beaucoup d'hospices, toute espèce d'achat de vins ; tandis que, parmi les dépenses de la maison, apparaissent des frais de vendange. Les pouvoirs publics, de leur côté, commencèrent à défendre l'extension du territoire viticole ; la peur de voir se restreindre le sol réservé au blé inspirait ces prohibitions. La difficulté des transports, qui maintenait, en deçà de la Loire, les vins à un prix assez haut, les faisait descendre à rien dans les régions du Midi, lors des années d'exceptionnelle abondance. Les paysans languedociens ou provençaux furent réduits plus d'une fois au XVe siècle, après avoir rempli les futailles et les vases disponibles, à cesser de vendanger, laissant perdre, faute de débouchés, leurs raisins à la branche.

Pour le vin, comme pour le blé, l'irrégularité des récoltes influait sur les prix avec une violence dont nous pouvons difficilement nous faire idée, aujourd'hui que le commerce, faisant contrepoids à ces oscillations, absorbe ou rejette tour à tour sur le marché des quantités énormes de ce liquide. A la fin du XIIe siècle, le vin variait dans la région parisienne de 5 à 20 francs l'hectolitre, suivant qu'il s'agissait de crus locaux ou de futailles importées de Bourgogne. Sous les règnes de Philippe-Auguste et de saint Louis, le maximum — d'après les chiffres que j'ai recueillis — paraît être, pour l'ensemble du territoire, de 26 francs l'hectolitre, le minimum de 2 fr. 50 à Agen (1251). La moyenne qui, durant cette période, s'était maintenue aux environs de 7 francs passa tout à coup à 19 francs dans le siècle suivant (1276-1375). Il était donc, comparativement au coût général de la vie, beaucoup plus cher qu'à l'heure actuelle, où l'on peut l'évaluer à 30 francs. Le chiffre de 19 francs était dépassé en Ile-de-France et dans le Nord ; il était loin d'être atteint en Guyenne. Le « vin de Gascogne » expédié en Artois s'y négociait pour 23 francs l'hectolitre, tandis que le Bourgogne, rendu à Paris revenait à 43 francs. Encore était-ce une qualité courante ; car il montait jusqu'à 100 et 150 francs, s'il s'agissait de certains vins de Beaune ; « vins de présent » et « d'honneur », si renommés parmi les gourmets, que le désir de ne pas trop s'éloigner de la source d'une si précieuse liqueur avait, au dire de Pétrarque, beaucoup de part à la répugnance des cardinaux d'Avignon pour le retour du pape à Rome.

Ces vins-là se vendaient en « flacon » ; la presque totalité des autres étaient bus « à la pièce », chez les rois comme les vilains. Cette recherche moderne de mettre son vin en bouteilles, que le plus modeste bourgeois d'aujourd'hui s'offre pour des boissons ordinaires, les chevaliers n'en usaient que pour des vins de dessert comme le grenache, ou le « vin grec » venu de contrées lointaines. Le prix élevé des récipients de verre forçait à laisser vieillir le vin dans des fûts.

Avec la fin du XVIe siècle et la première moitié du XVe se produit une baisse légère : l'hectolitre ne se vend plus que 14 francs, mais il demeure, à ce taux, bien plus cher que de nos jours, puisque, suivant la valeur relative de l'argent, ces 14 francs en représentent 60 de notre monnaie. Sous cette moyenne apparaissent, d'une année à l'autre pour le même cru et, quand on parcourt plusieurs régions, dans la même année, de profondes inégalités : en 1434, par exemple, nous voyons le vin osciller de 1 fr. 20 l'hectolitre à Montélimar et 6 francs près d'Auxonne (Franche-Comté) jusqu'à 29 francs à Paris et 32 francs à Troyes. Son prix ne cessa de diminuer de 1451 à 1525 ; il descendit de 14 francs à 10 sous Louis XI, à 9 sous Charles VIII, à 7 au commencement du règne de François 1er. Ces chiffres équivalent, en monnaie actuelle, à 60, 54 et 35 francs ; ils étaient donc plus élevés que les nôtres.

Les diverses provinces conservaient, à peu de chose près, quoique les plantations de vignes eussent été considérables par toute la France, leur place respective dans l'échelle des prix. Il en fut de même durant les cinquante années suivantes (1526-1575), où le vin remonte à 17 francs, et de 1576 à 1600, où il s'élève en moyenne à 19 francs. Il est d'ailleurs curieux d'observer que le vin n'avait pas augmenté depuis le XVe siècle plus que l'ensemble des denrées, et qu'au regard du XIVe siècle, il avait diminué : l'hectolitre à 19 francs, sous Henri III, ne correspondait pas à plus de 47 francs d'aujourd'hui ; tandis que l'hectolitre à 20 francs, sous Philippe de Valois, avait représenté 64 francs de 1898.

Au contraire du blé et du coût de la vie en général, le vin a donc baissé depuis le moyen âge jusqu'à la fin du XVIe siècle,[1] indice d'un progrès agricole d'autant plus sensible que, de 1350 à 1600, le vin fut successivement chargé des impôts les plus nombreux et les plus lourds. Il est, avec le sel, le point de mire favori du fisc. Ces deux denrées de première nécessité sont les colonnes de nos anciennes contributions indirectes ; on les taxe en gros et en détail, qu'elles circulent par terre ou par eau, et les droits sur la contenance ou sur la vente s'appellent, se complètent, se greffent les uns sur les

---

1 Cette constatation confirme celle que j'ai déjà faite sur la baisse de prix de l'hectare de vigne et de la culture des vignes à façon, de la première époque à la seconde. Voyez la *Revue* du 15 octobre 1896 et *la Fortune privée à travers sept siècles*, p. 309.

autres. Cependant la cherté relative du vin, au moyen âge, ne peut être attribuée à l'impôt comme l'ont cru quelques historiens, parce que le vin a surtout été coûteux à l'époque où il n'y avait que peu ou point de droits, c'est-à-dire jusqu'à Louis XI.

Si la boisson nationale devint ainsi plus abordable aux petites bourses, si, malgré les taxes dont elle fut l'objet, elle diminua plutôt que d'augmenter, c'est que le domaine vinicole a dû s'élargir singulièrement de 1450 à 1600 dans notre pays. Il n'en fut pas ainsi partout : en Angleterre le prix des vins, au XVIe siècle, était de 50 à 60 francs l'hectolitre ; nos voisins consommaient surtout, à vrai dire, du vin de Bordeaux, sans parler du vin d'Espagne, qu'ils payaient 1 franc le litre sous Elisabeth, tandis que beaucoup de nos petits vins n'étaient pas très recommandables. Sur le continent, on peut parcourir toute la gamme des jus de raisins depuis le rousset du Comtat-Venaissin, à 3 francs l'hectolitre, en 1530, jusqu'au bourgogne le plus délicat payé à Bruxelles, *la même année*, 260 francs, pour être servi sur une table princière.

Comparons aux salaires, selon le but de cette étude, le vin, qui passe pour absorber 6 pour 100 environ de la dépense annuelle des classes populaires : de nos jours, à 30 francs l'hectolitre, la journée du manœuvre, payé 2 fr. 50, équivaut à 8 lit. 33 de vin ; elle en représentait 9 litres au XIIIe siècle, 4 litres et demi seulement au siècle suivant, 6 litres au début de la Renaissance. Sous François Ier, elle correspondit à 8 litres et se réduisit à 4 litres sous Henri III. Mais, quoique le salaire, évalué en vin, eût ainsi baissé de moitié au XVIe siècle, il se trouvait cependant à peu près égal à ce qu'il avait été deux cents ans plus tôt ; tandis que, pour le blé ou la viande, la situation du journalier était bien différente.

Pour la bière, pour le cidre surtout, dont la consommation en France est plus récente que celle du vin, les observations recueillies remontent moins haut. La bière ou cervoise, fabriquée avec l'orge et l'avoine, dépend naturellement du prix de ces deux sortes de céréales. Rien d'étonnant si cette boisson revient à 11 francs l'hectolitre au XIVe siècle, où les grains étaient chers, si elle baisse au XVe siècle à 5 francs et si elle s'élève de 1526 à 1600 à 18 francs ; chiffre peu différent, *intrinsèquement*, de celui des bières actuelles, évaluées à 25 francs l'hectolitre, mais, *relativement* à notre monnaie, plus fort du double ou même davantage.

Suivant leur saveur et leur degré alcoolique, il y avait, comme aujourd'hui, des bières à tout prix : ainsi en Flandre, au XVIe siècle, on trouvait de la cervoise à 5 francs, mais celle de Hambourg y valait 12 francs, la forte bière de Malines 23 francs et celle de Frise 45 francs l'hectolitre. Il en était de même du cidre qui variait, dans les pays producteurs, de 1 fr. 50 à 14 francs l'hectolitre et se tenait en moyenne entre 3 et 5 francs. La distance était donc beaucoup plus grande entre le jus de la pomme et celui du raisin qu'elle ne l'est de nos jours. Le cidre n'était pas cependant la boisson des Normands et des Bretons au moyen âge. La culture du pommier, sur une grande échelle, ne remonte dans l'Ouest qu'au XIVe siècle, comme celle de l'olivier dans le Sud-Est. Elle se répandit plus tard en Picardie et même en Champagne, où les pommes sauvages jouaient un rôle d'appoint dans les mauvaises années. On les brassait alors « pour mettre sur des marcs de raisin, afin de faire du vin destiné aux domestiques ».

VI

Nous avons passé en revue les principaux chapitres de l'alimentation : pain, viande, laitages, œufs et boisson, qui forment ensemble 48 pour 100 du budget ouvrier, dont la nourriture absorbe, d'après des calculs autorisés, environ trois cinquièmes. Les 12 pour 100 de frais de bouche, qui nous restent à examiner, sont représentés par le poisson (3 pour 100), l'huile (2 pour 100), les légumes et l'épicerie (7 pour 100). Il semble que c'est peu concéder au poisson que de le supposer équivalent à un 1/33 seulement des déboursés annuels d'une famille populaire, pendant quatre siècles où le maigre était obligatoire deux jours par semaine, sans compter le carême, les vigiles, quatre-temps, etc. ; si bien qu'un catholique ne devait guère manger de viande plus de deux cents jours par an. Mais cette abstinence multipliée avait pour résultat de renchérir le poisson, transformé, sauf le long des côtes, en une denrée de luxe.

Le dauphin Humbert de Viennois rédigeait en 1336 ses menus par avance, et voici quel devait être le programme des jours de pénitence : « Le vendredi un potage aux choux, six œufs et du poisson, *si l'on en trouve* ; le samedi potage aux oignons et à l'huile d'olive, tarte aux herbes et du poisson, s'il y en a. » Ceci semble indiquer que, même pour un prince, il n'y en avait pas toujours. A Paris, les « poissonniers de mer » étaient accusés de se servir de leur monopole, pour maintenir les cours très élevés ; il est probable que la cherté tenait surtout à la rareté. On se servait, pour avoir la marée en temps utile, de chevaucheurs qui faisaient double office, portant par devant le sac de cuir aux dépêches et, par derrière, la bourriche au poisson frais.

Tout porte à croire que l'on ne procédait ainsi qu'en hiver et que, malgré tout, on recevait une marchandise légèrement faisandée, étant donné le petit nombre de lieues que faisaient par jour les messagers royaux, le mauvais état des routes et l'absence de relais réguliers. La plus grande partie du poisson de mer, servi sur les tables bourgeoises, était salé et, pour le vulgaire, les salaisons constituaient déjà un aliment coûteux.

Les gens aisés avaient recours au poisson de rivière. Quoique la France d'autrefois fût parsemée d'innombrables étangs, desséchés en partie à la fin du dernier siècle et au commencement du nôtre, la demande devait être encore plus forte que la production ; puisque le prix des brochets, carpes, truites et de toute la pêche intérieure, était bien plus élevé dans les âges passés que dans celui-ci. Il existe une tradition — une légende si l'on veut — d'après laquelle les garçons meuniers de certains districts voisins de l'Océan auraient stipulé, dans leurs contrats de louage, « qu'on ne leur ferait pas manger du saumon plus de deux fois par semaine ». Le saumon cependant est payé 37 francs pour la table de saint Louis (1234) ; il coûtait à Paris et aux environs 20 et 26 francs au XIVe siècle à l'état frais ; tandis que salé ou fumé il ne se payait que 3 fr. 50. Les truites, les brochets valaient couramment 3 et 4 francs ; les sujets de belle taille montaient à 9 et 10 francs ; les carpes étaient un peu moins chères : en général 1 fr. 50 et 2 francs.

C'étaient là poissons de riche : les bourgeois se contentaient de la tanche, de la perche et du barbeau ; les pauvres ne pouvaient manger que les espèces inférieures, barbillons ou grenouilles. Les produits de la pêche des étangs étaient inabordables pour la masse. Le journalier des ports comptait sur la raie et le cabillaud ; le marsouin même lui était interdit, lorsqu'il se payait 4 francs le kilo. La morue aussi demeurait au-dessus de ses prétentions ; elle fut jusqu'à la fin du XVIe siècle — les bancs de Terre-Neuve et de

Saint-Pierre ne devaient être exploités que plus tard — à un chiffre peu différent, intrinsèquement, de celui qu'elle coûte aujourd'hui et par-là même beaucoup plus cher. Le poisson de mer, à bas prix le long des côtes, — on vend en 1556 à Cherbourg, pour 2 fr. 50, deux congres, deux maquereaux, un mulet, quatre soles, deux raies et une plie, — n'étant susceptible, au naturel, d'aucun commerce lointain, un procédé économique était le séchage, et le hareng, auquel on l'appliquait, alimentait les vendredis populaires.

Une simple remarque sur le coût du transport pour les denrées de cette nature : les huîtres *en barils*, au XIVe siècle, se vendaient à Paris 1 fr. 50 le cent ; les huîtres *en écailles* 9 fr. 50, c'est-à-dire le même prix qu'en 1898 ; le cent d'huîtres *sans écailles* valait au XVIe siècle, dans nos diverses provinces, 85 centimes, mais en coquilles, à l'intérieur des terres, il fallait les payer 5 francs. On observe des écarts analogues entre le hareng frais et le hareng saur, le premier valant trois ou quatre fois plus que le second. Celui-ci du reste était onéreux encore.

De nos jours, bien que l'on achète des harengs depuis 5 francs le cent, leur prix moyen peut être estimé à 11 francs. Lorsqu'ils se vendaient 3 francs vers 1375, ils avaient exactement la même valeur qu'aujourd'hui, en tenant compte de la différence du pouvoir d'achat de l'argent. Mais, à partir de cette époque jusqu'au règne d'Henri IV, ils augmentèrent sensiblement : les 6, 7 et 8 francs le cent qu'ils se vendirent dès lors, suivant les époques, correspondaient à 25 et 30 francs de notre monnaie. Le journalier actuel gagne, avec ses 2 fr. 50, une quantité approximative de 23 harengs. Dans la première moitié du XIVe siècle, il en gagnait juste autant ; mais, dans la seconde, le produit de sa journée n'équivalait plus qu'à 9 ; aux deux siècles suivants, elle est de 11 à 12 harengs.

Plus favorisé que le nôtre, les *jours gras*, puisque la viande coûtait beaucoup meilleur marché, le manœuvre du moyen âge est donc moins heureux, les *jours maigres*, que notre contemporain : le poisson lui revenait à un prix double ou triple. Or les jours maigres constituaient la moitié de l'année et le hareng, que j'ai choisi comme type, était le plus accessible de tous les poissons pour la bourse de l'homme de labeur. C'est celui que l'on donnait dans les hôpitaux, celui que l'on distribuait aux pauvres en aumône. En 1429, année de la victoire de Rouvray, remportée par l'armée anglaise sur les troupes de Charles VII, pendant le siège d'Orléans, — bataille connue dans l'histoire sous le nom de « journée des harengs », — ce poisson coûtait à Orléans 14 fr. 50 le cent ; il valait 6 fr. 15 à Paris, où le convoi avait été réquisitionné, et 3 fr. 45 seulement à Rouen. De pareilles différences n'étaient pas rares en ce temps-là.

Quant aux légumes, représentant 4 pour 100 de la dépense totale des ouvriers, la comparaison, pour être exacte, doit se borner aux genres les plus communs : aussi bien les légumes consommés actuellement par les classes aisées sont-ils de découverte récente. Du XIIIe au XVIe siècle, on ne connaissait ni l'artichaut, ni l'asperge, ni la tomate, ni la betterave, pas plus que l'aubergine, le melon, le potiron, etc. Le chou-fleur n'est cultivé que depuis cent cinquante ans environ et la pomme de terre que depuis le règne de Louis XVI. Cette absence de la pomme de terre, qui joue un si grand rôle dans l'alimentation des paysans du XIXe siècle, et que nos aïeux ignoraient, n'est pas, dans les rapprochements de ce genre, le seul vide embarrassant qui se rencontre. Les éléments de la nourriture ne sont pas seuls à s'être modifiés ; ceux du chauffage, de l'éclairage, de l'habillement, ont eu le même sort.

D'autre part, certains comestibles ont, dans le domaine maraîcher, ou perdu grande partie de leur importance — tels les raves — ou disparu tout à fait, comme le chènevis, les feuilles de pavots et de bourrache, jadis mangés en salades, ou comme cet autre mets délicat du XVIe siècle : la « feuille de violette de mars », mêlée avec la jeune ortie. Les farineux, — pois, fèves, haricots et lentilles, — ont tenu sur la table des petites gens, depuis Charlemagne jusqu'à la Révolution, la place de nos tubercules modernes. Bien que passés au second rang, ils sont encore l'objet d'un trafic notable. Le litre de gros pois ou de haricots secs se vend aujourd'hui environ 23 centimes. Le journalier de 1898 en gagne donc par jour 11 litres ; celui des XIIIe et XIVe siècles en gagnait une quantité à peu près équivalente ; mais le manœuvre du XVIe siècle n'en obtenait plus que 6 litres. Encore ne faut-il pas oublier que, pour notre travailleur actuel, ayant le pain blanc et la pomme de terre à bon marché, la fève ou le haricot sont une nourriture toute facultative ; tandis que, chez l'artisan d'autrefois, ils avaient pour mission de remplacer les céréales dans les années de disette.

Sujets aux mêmes intempéries, et confinés par l'état économique dans le lieu de leur production, ils haussaient et baissaient avec une extrême instabilité ; entre les prix des diverses provinces il y a des écarts du simple au triple : en 1576-1600, l'hectolitre de pois coûte 15 francs en Orléanais et 26 francs en Dauphiné, 12 francs en Languedoc et 39 francs en Flandre. Mais on distingue, sous l'effacement des moyennes qui font disparaître les saillies exceptionnelles, une heureuse discordance entre la valeur des légumes et celle des grains : au temps d'Henri III, tandis que le blé se vend 20 francs l'hectolitre, les pois, meilleur marché d'un cinquième, valent 16 francs ; cent ans avant, sous Charles VIII, le blé étant à 4 francs, les pois, plus chers de moitié, étaient à 6 francs.

Les pois et les fèves sont une des rares marchandises ayant à la fois *baissé de prix et diminué en quantité*. Il est vraisemblable que la part réservée aux légumes secs, dans la superficie cultivée du moyen âge, était très supérieure à celle qui leur est présentement réservée, et que la production dépassait par conséquent beaucoup les 4 millions d'hectolitres que nous en recueillons annuellement. Leur consommation s'est restreinte, dans une proportion énorme, pour se disperser sur d'autres farineux indigènes ou exotiques, comme le riz ; pour se porter surtout vers celle de la pomme de terre, dont la France récolte maintenant plus de 100 millions d'hectolitres.

Un autre comestible, dont l'importance est moitié moindre dans le budget populaire, l'huile à manger, a aussi changé de nature. On se procure en 1898 pour 2 fr. 40 un kilo d'huile d'olive de bonne qualité ; mais pour 1 fr. 90, on a de l'huile d'œillette et, pour 1 fr. 40 le kilo, on a de l' « huile blanche ». Ce sont ces deux dernières, dont la saveur n'est nullement désagréable, qu'emploient la grande majorité de nos compatriotes. L'olive du reste n'entrait que pour partie dans l'approvisionnement du moyen âge ; l'œillette ne fut connue qu'au XVIe siècle, mais les huiles de pavot, de navette, de noix surtout, dont on usait, ne valaient certes pas mieux que l'huile commune, issue du coton, que nos épiciers détaillent pour 1 fr. 40.

Ce dernier prix, la moyenne des huiles à manger d'autrefois l'atteint parfois *intrinsèquement, et traduite en francs modernes*, d'après la valeur relative de l'argent, elle l'excédait fort. Il est juste d'ajouter que dans le Midi, où la consommation de l'huile était plus grande, elle s'offrait aussi à un taux plus avantageux que dans le

Centre et le Nord, où son usage se trouvait plus restreint. Mais, tout compensé, les huiles anciennes revenaient à un tiers de plus que nos huiles d'olive et au double des huiles dont la petite bourgeoisie et la classe ouvrière se servent de nos jours.

Un assaisonnement dont l'emploi culinaire était plus universel, plus indispensable que celui de l'huile, et que nos pères payaient pourtant beaucoup plus cher, c'est le sel. Le sel, auquel on peut réduire presque tous les frais d'épicerie des pauvres gens d'autrefois, exigeait souvent à lui seul cette portion de la dépense d'un ménage d'ouvrier, qui se répartit aujourd'hui sur le sucre, le café et dix autres denrées ou condiments, — naguère inconnus ou payés au poids de l'or, — que nos « prolétaires » consomment journellement. L'appréciation des prix du sel est certainement l'une des plus délicates. Le seul chiffre sincère, au regard du journalier, serait celui auquel cette marchandise est vendue au détail par le regrattier. A l'heure où nous écrivons, cent ans après la suppression de la « gabelle », le sel n'en est pas moins soumis à des impôts extrêmement lourds, qui vont jusqu'à 500 p. 100 de sa valeur vénale : la marchandise, qui s'achète en gros 30 fr. les mille kilos, paie à l'État un droit de 100 fr. ; sans parler d'octrois qui s'élèvent, dans Paris, à 60 fr. Ces droits, joints aux bénéfices et aux frais généraux des intermédiaires, portent le coût de cette denrée à 20 centimes le kilogramme pour le consommateur. Ainsi, quoique le prix du détail soit uniforme dans tous nos départements, nos arrière-neveux pourront relever dans les cours commerciaux ou les tarifs des épiciers, trois prix auxquels le sel peut être réellement vendu en 1898 : 3 centimes, 13 centimes et 20 centimes le kilo, selon qu'il s'agit de sel au détail, de sel en gros (impôt compris) ou de sel affranchi de taxe pour l'agriculture et l'industrie.

Jadis l'impôt variait, d'une province à l'autre, du simple au quadruple, et il y avait grand nombre d'exemptions partielles. Par suite, il est souvent difficile de savoir, lorsqu'on rencontre un achat, si la somme indiquée est bien celle que valait ce condiment lorsque la ménagère le mettait dans sa marmite ; ou si au contraire il devait encore acquitter quelque contribution. Par suite encore, il a pu se glisser, parmi les chiffres qui m'ont servi à former les moyennes, quelques prix dans lesquels l'impôt ne figurait pas ; d'où l'on peut conclure que ces moyennes elles-mêmes sont plutôt atténuées qu'exagérées.

Par lui-même le sel devait être assez cher, puisqu'en 1202, sous Philippe-Auguste, lorsqu'il n'était encore soumis à aucune fiscalité, on le payait à Paris i centimes le kilo, — soit 20 centimes d'aujourd'hui, — prix aussi élevé que celui auquel il revient maintenant au consommateur. La presque-totalité du sel venait, au moyen âge, des marais salants, et les frais de port étaient considérables, depuis la Provence ou l'Aunis jusque dans l'intérieur du royaume. Des 6 millions de quintaux que la France produit à l'heure actuelle, près de moitié se compose du sel gemme des départements de l'Est ; 2 800 000 sont fournis par la Méditerranée et 30 000 seulement par les salines de l'Océan. Jusqu'au XVIe siècle, même dans les provinces limitrophes de la Franche-Comté et de la Lorraine, le sel de mer était seul employé, à l'exclusion du sel de salins ou, comme on disait, « d'Empire ». Le raffinage du sel minéral demeura d'ailleurs assez longtemps rudimentaire ; sa « cuite » était onéreuse.

La taxe sur le sel avait été établie en France au commencement du règne de Philippe le Bel (1286) ; elle doubla aussitôt la valeur de cet aliment et parfois la tripla. Le garde du salin d'Agen devait jurer, en entrant en charge, de ne vendre le sel « que le triple de ce qu'il l'avait acheté ». Plus tard la différence fut du quadruple : à Orléans, au XVe siècle, le sel « franc » se cotait 3 centimes le kilo, le sel imposé 13 centimes. Il montait ailleurs à 17 centimes et jusqu'à 24 centimes à Paris, lorsque, à l'île d'Oléron, lieu de production, il ne se payait pas plus de 4 centimes, à peu près le même chiffre qu'en Angleterre. La cherté de cette denrée qui représentait, *en monnaie de nos jours*, 1 fr. 25 le kilo, explique la présence, dans les comptes d'établissements publics et de particuliers, d'une gratification annuelle « au mesureur de sel, pour faire bonne mesure ». A la fin du XVIe siècle, le sel était arrivé au prix inouï de 62 centimes *intrinsèques*, les quatre cinquièmes de la journée du manœuvre qui n'en gagnait par jour que 1 250 grammes ; tandis qu'en 1898, il en gagne dix fois plus : 12 kilos et demi. Durant les siècles précédents la journée de travail, évaluée en sel, correspondait, suivant les époques, à 4, 5 ou 7 kilos. Pour retrouver, entre les prix de cette marchandise et le taux des salaires, une proportion qui se rapproche de celle d'aujourd'hui, il faut remonter jusqu'à la période antérieure à la guerre de Cent ans.

Resterait à tirer de l'ensemble de ces chiffres l'enseignement qu'ils comportent. Cet enseignement est l'objet principal d'études qui, sans lui, n'auraient d'autre résultat que de satisfaire une assez vaine curiosité. Mais, tant que l'on n'a passé en revue qu'une portion du budget populaire, toute conclusion serait prématurée ; et la nourriture ne comprend que les 6 dixièmes de ce budget. Loyer, vêtement, chauffage et éclairage en forment le complément, et la place me manque pour examiner maintenant ces quatre chapitres. Si nous voulons toutefois rapprocher le coût de l'alimentation au moyen âge de ce qu'il est en 1898, nous commencerons par réduire *en francs actuels* les prix d'autrefois, d'après la puissance d'achat des métaux précieux de l'an 1200 à l'an 1600.

Multipliées ainsi par un coefficient uniforme pour obtenir leur valeur présente, les denrées de première nécessité ressortiront presque toutes de nos jours à meilleur marché qu'autrefois. Les œufs et la viande de boucherie ont prodigieusement renchéri ; les premiers de 60 pour 100, la seconde de 65 pour 100 ; le lard a peu varié, il est plus cher de 4 pour 100 seulement. Au contraire, le beurre et le lait, le vin, les légumes, ont baissé de 10, 13 et 19 pour 100. L'huile à manger, l'épicerie et le poisson ont diminué de 35, 41 et 50 pour 100 ; enfin le pain est de 16 pour 100 meilleur marché, et l'on sait qu'il forme à lui seul le quart de la dépense d'un ménage rural. Il va de soi que, pour apprécier l'influence des prix sur la situation matérielle du manœuvre, il faut tenir compte de l'importance respective de chaque aliment dans les frais de bouche : Sur une somme de 1 000 francs qu'une famille paysanne débourserait chaque année, et dont la nourriture absorberait 600 francs, la baisse de 16 pour 100 sur le pain représente une épargne de 40 francs, tandis que la baisse de 50 pour 100 sur le poisson équivaut seulement à 15 francs.[1]

Le groupe des économies réalisées forme un total de 96 francs et, déduction faite de l'excédent de charges qu'occasionne la hausse de la viande et des œufs — 41 francs — le budget alimentaire se trouve, en définitive, d'environ 9 pour 100 moins lourd qu'il n'était jadis. Il est vrai que les salaires sont aujourd'hui moindres — de 13

---

1 On a dit plus haut que le poisson est considéré comme absorbant 3 pour 100 du budget.

pour 100 — qu'ils n'ont été au cours des quatre siècles que l'on vient de résumer. Par suite, la position du journalier serait identique en 1898, et même un peu inférieure — de 4 pour 100, — au point de vue de l'alimentation, à ce qu'elle était de 4200 à 1600.

Mais, ainsi envisagée et condensée en une moyenne applicable à quatre siècles, la comparaison des salaires aux dépenses de table des ouvriers ne signifierait pas grand'chose. Cette moyenne a précisément pour effet de masquer les fluctuations des prix que nous venons d'étudier, d'effacer les inégalités énormes, révélées par l'histoire des chiffres, entre les générations qui se sont succédé de saint Louis à Henri IV. Ces ancêtres, du moyen âge à la Renaissance, comparés en bloc à nos contemporains, semblent en différer fort peu, parce que le bien-être des prolétaires du XVe siècle vient contre-balancer la misère de ceux du XVIe. Additionner la richesse des uns et la pauvreté des autres, c'est proprement aller contre le but pratique de ces recherches, qui se flattent de recueillir, sur les variations du salaire et sur les causes de ces variations, le grave et précieux témoignage d'un passé digne des méditations du présent.

Ce témoignage nous apprend ici que, sous le rapport de la nourriture, l'homme de labeur des XIIIe et XIVe siècles était plus aisé que le journalier actuel de 3 à 6 pour 1 00 — suivant les dates ; — que cette aisance s'améliora dans les cent années suivantes, au point que l'ouvrier de 1451-1475, — dont les gouvernements d'alors ne paraissent pas s'être beaucoup préoccupés, — était devenu plus riche d'un tiers (33 pour 100) que notre ouvrier moderne ; enfin que, peu après, la gêne commença pour lui et grandit si vite et si fort qu'en 1576-1600 ce salarié arrivait à être plus pauvre des deux tiers (60 pour 100) que son successeur de 1898. Cette révolution, funeste pour la grande majorité des citoyens, n'eut pas, comme on serait tenté de le croire, une cause politique. Les troubles religieux, les guerres intestines n'y avaient point de part. La preuve c'est que les mêmes phénomènes, aux mêmes époques, se produisent en Angleterre et en Allemagne ; la preuve aussi c'est qu'en France le paysan ne se releva plus de sa déchéance matérielle, non seulement jusqu'à la fin de la monarchie, mais même jusque vers le milieu de notre XIXe siècle.

IV. LES FRAIS DE NOURRITURE AUX TEMPS MODERNES

I

« Vers l'an 1750, dit Voltaire, la nation rassasiée de vers, de tragédies, de comédies, d'opéras, de romans, d'histoires romanesques, de réflexions morales plus romanesques encore et de disputes théologiques sur la grâce et sur les convulsions, se mit enfin à raisonner sur les blés. » Elle avait là belle matière à raisonnements. Et d'abord, se demandait-on, la France produit-elle assez de blé ? — Elle en produit trop, répondaient les agriculteurs, tous *libre-échangistes* en ce temps-là. La preuve c'est qu'elle n'arrive pas à le vendre ; heureusement elle en exporte une bonne partie à l'étranger ; néanmoins les céréales restent à vil prix. — Au contraire, répliquaient les consommateurs, le pays est bien loin de, récolter sa suffisance. La preuve, c'est que, malgré la défense légale de laisser sortir les blés du royaume, on y mange fort peu de froment et que, même en faisant du pain avec des grains de toute espèce, souvent on en manque. Et, de fait, la question du pain fut, durant les deux derniers siècles, l'un des soucis constants du gouvernement. La correspondance administrative est pleine de notes, de rapports, de craintes exprimées et de calculs multipliés, pour savoir comment la population mangera l'an prochain, voire l'année courante. Cependant, par une étrange contradiction, la France, sous Louis XIII et Louis XIV, était, avec la Pologne, le principal fournisseur de blé de l'Europe. Elle figurait encore, au milieu du XVIIIe siècle, parmi les pays exportateurs. Sa grande rivale était alors l'Angleterre — *quantum mutata* — qui, au lieu d'acheter son grain sur le continent comme par le passé, vendait année moyenne aux étrangers près de 6 millions d'hectolitres.

Comment le paysan français exportait-il du blé, puisqu'il en manquait ? Et comment en manquait-il, puisqu'il se plaignait d'en être encombré ? C'est qu'il souffrait tour à tour des deux excès. Il sort actuellement des millions de sacs de blé de contrées dont les habitants ont à peine de quoi vivre. Même phénomène dans l'ancienne France. « Les chevaux qui labourent l'avoine, disait un vieux proverbe rural, ne sont pas ceux qui la mangent. » C'eût été folie au manant de prétendre consommer ce blé si cher et si noble, qu'au dire d'un contemporain de Louis XV, il n'y avait pas en Europe plus de 2 millions d'hommes mangeant du pain blanc. En fait de trafic extérieur, la règle, pour les blés, c'était la prohibition. On voulait, sous l'ancien régime, les empêcher de sortir, comme, aujourd'hui, on veut les empêcher d'entrer. Il serait facile de citer des douzaines de lettres patentes ou ordonnances royales à cet effet ; et quant aux défenses analogues, émanant des municipalités ou des corps judiciaires, c'est par centaines que l'on en trouverait ; car tout le monde se mêlait de la « police des blés. » Ces diverses autorités agissaient d'ailleurs en des sens contraires ; c'était l'usage du temps. Il ne faut pas trop s'en plaindre ; les oppositions réciproques maintenaient pour les sujets un reste de liberté.

Aussitôt qu'une hausse survenait, chaque province, chaque localité s'agitait ; pendant que les « jurats-gouverneurs » de Bordeaux pétitionnent auprès du Roi pour obtenir, « en raison de la disette de cette ville, » de tirer des blés de Normandie et de Bretagne « où il y a grande abondance, » les Normands pétitionnent de leur côté pour qu'on ne laisse pas distraire, au profit des autres régions, la moindre parcelle de leurs récoltes : « Est-il raisonnable, disent leurs députés, que nous arrosions le terroir de nos voisins pendant que le nôtre est pressé d'une si cuisante soif ? » La licence d'enlever des blés est-elle donnée à quelque seigneur, à quelque prélat ? Il n'en peut user qu'avec l'appui de la force publique, sous escorte des sergents, « pour qu'il n'y ait aucun scandale. » Le stock autorisé à sortir est-il de conséquence ? Vite une sédition s'organise. Sur le chapitre du pain, ce peuple, en général si soumis, n'entend pas raillerie. Il s'en prend à ses magistrats et s'opposera par l'émeute à ce qu'on enlève « ses blés. » Au contraire, le pouvoir supérieur intervient-il pour immobiliser des grains qui allaient partir, ce sont des transports de joie. La populace accueille cette décision « chapeau au poing, » avec des vivats plein la bouche.

La multiplicité même des prohibitions prouve qu'elles n'étaient guère respectées. Elles comportaient des exceptions fréquentes, et la question était entièrement laissée à l'arbitraire administratif, animé d'intentions excellentes, mais dont l'intervention tutélaire agissait souvent à contre-coup et toujours trop tard. On connaît les plaintes de Mme de Sévigné écrivant de Bourgogne à sa fille :

« Tout crève ici de blé, et je n'ai pas un sol. J'en ai 20 000 boisseaux à vendre ; *je crie famine sur un tas de blé.* » Simultanément, en divers lieux, des gens souffraient, et parce que les denrées étaient trop bon marché, et parce qu'elles étaient trop chères. Chaque fois que, *par mesure générale*, l'exportation des grains était défendue, on était forcé, peu après, de l'autoriser *ici ou là*, « attendu que les propriétaires ou fermiers n'en ont pas le débit sur place. » Par suite des brèches que l'Etat faisait ainsi lui-même à ses règlements, on ne saurait dire si le commerce des blés était permis ou défendu *en pratique*, puisqu'il était *en théorie* l'un et l'autre. Mais quelle spéculation imprudente ce devait être ! à la merci de tous les hasards : émotion d'une foule, caprice d'un fonctionnaire. Le négociant, opérant en vertu de grâces susceptibles de révocations soudaines, sujet à des surtaxes imprévues ou à des franchises subites, aussi dangereuses que les surtaxes, risquait toujours, après avoir évité naufrages et corsaires, de trouver les blés tombés à vil prix quand son navire arrivait au port.

L'Etat et les communes se croyaient mieux placés que les particuliers, pour créer et maintenir des approvisionnements. Le premier et les secondes s'acquittaient de cette tâche avec plus ou moins de sagacité. La réserve de Strasbourg, en 1633, contenait encore des blés de 1525 et même de 1439. Singulière chose que ces grains âgés d'un ou deux siècles ; quel raffinement n'avait-il pas fallu apporter à l'art de leur conservation ! Il semble que, grâce à ces précautions, à cette épargne municipale qui atteignait les trois quarts ou la moitié de la consommation annuelle, les prix n'auraient dû subir ici que des variations minimes. Le résultat répondit pourtant assez mal aux efforts du Sénat strasbourgeois : l'hectolitre passe brusquement, au milieu du XVIIe siècle, de 6 à 34 francs, de 5 à 43 francs et, vers la fin, de 11 à 28 francs et de 4 à 16 francs.

Si le système des greniers officiels n'a pas eu des conséquences plus appréciables là où il était porté à une perfection relative, on peut augurer la faible influence qu'il dut avoir, pratiqué sur une échelle beaucoup moindre, comme à Rouen, ou par des achats occasionnels, comme ceux des villes de Nantes ou d'Angers, qui envoyèrent chercher plusieurs fois un renfort de blé jusqu'en Pologne. Ces provisions lointaines se trouvent souvent, lors de leur arrivée tardive, embarrasser leurs détenteurs. Les Etats de Charolais, pour écouler le blé qu'ils avaient fait venir lors d'une disette (1749), et qui leur est resté, *défendent* à qui que ce soit de vendre aucun grain dans tout le comté, jusqu'à épuisement complet du grenier provincial. C'est en général par perquisitions et réquisitions que les échevins se flattent d'imprimer au commerce un surcroît d'activité. Une bonne mesure, et bien populaire, consiste, lorsqu'on a découvert quelque malin spéculateur qui s'est muni de grains « pour les revendre à tel prix qu'il voudra », à le contraindre *manu militari* de les céder pour un taux déterminé Aussi faut-il voir comme le froment se cache.

Pour le punir de s'être caché, on le condamne, lorsque l'abondance est revenue, à demeurer en prison chez « ceux qui ont fait des amas. » Défense à ces accapareurs « d'amener leurs grains sur le marché jusqu'à nouvel ordre, avec injonction de rendre compte de la quantité dont ils sont chargés. » La valeur marchande des céréales a pu toutefois se ressentir de la sollicitude des municipalités lorsque, pour rétablir l'ordre, elles distribuaient à un peuple en fureur quelques centaines de quintaux au-dessous du cours ; ou quand, afin d'assurer la subsistance du pauvre, elles s'imposaient le sacrifice d'acheter des grains pour les revendre à perte. Lyon importe du blé de Barbarie (1770) et livre aux boulangers, pour 34 francs, ce qui lui en coûte 54. Le système laisse d'ailleurs à désirer : il arrive que, malgré la surveillance la mieux combinée, des citoyens indélicats absorbent ces marchandises offertes à vil prix, pour les remettre en circulation avec bénéfice.

A Paris, le lieutenant civil faisait chaque semaine, dans son rapport au Conseil, mention de l'abondance ou de la rareté des blés. La capitale vivait presque au jour le jour. Une vingtaine de marchands en gros se chargeaient de l'alimenter au début du règne de Louis XIV. Un seul disposait de quelques capitaux ; les autres n'avaient pas plus de 40 à 50 000 francs chacun de fonds de roulement. A eux tous, ils ne tenaient en magasin que 60 000 hectolitres et ne renouvelaient cette provision dans les campagnes environnantes qu'au fur et à mesure de leurs ventes aux boulangers parisiens. Aux heures de crise, la peur de manquer est si grande que le roi fait ouvrir, en 1636, sa propre *galerie du Louvre*, à ceux qui apportaient du grain, avec permission de l'y vendre en toute liberté comme en un marché public et sans être astreints à aucun loyer pour l'usage de cette princière halle.

Toutes les villes, sous l'ancien régime, taxaient le pain, comme font aujourd'hui encore nombre de localités, où l'arrêté municipal ne gêne personne, parce qu'il est d'accord avec les cours. La commune d'autrefois, qui souvent s'efforçait de réduire arbitrairement le prix au profit du consommateur, se heurtait à des oppositions incoercibles. Nos pères, dans ce genre, ont tout essayé ; ils ont lutté corps à corps durant des siècles avec tous les prix, mais surtout avec ce prix du grain dont dépend l'existence des hommes, sans parvenir à le maîtriser. Nous n'inventerons rien, en fait de règlements, qu'ils n'aient avant nous inventé. Nous ne saurions faire un pas dans cette voie sans marcher dans leurs pas d'hier. Les boulangers déclaraient-ils, devant les exigences administratives, renoncer à faire du pain ? Les récalcitrants étaient traqués, frappés d'amende. Peine inutile ; la taxe officielle demeurait lettre morte ; le public l'éludait en payant secrètement la valeur réelle. L'autorité s'entêtait parfois : elle faisait procéder « à l'interrogatoire des pauvres gens pour savoir au vrai combien les marchands vendent le pain ; » plus raisonnable, on la voyait passer des contrats avec les boulangers auxquels elle-même livrait le grain à bas prix, à moins qu'elle ne leur allouât une indemnité égale à la perte que la taxe leur faisait subir.

Il y aurait eu un troisième procédé plus avantageux, mais il ne paraît pas avoir réussi : c'était de faire du pain avec peu ou point de farine ! L'archevêque d'Arles recommandait au cardinal de Richelieu (1631) l'un de ses diocésains, inventeur d'un pain « mangeable, disait-il, par les soldats, les serviteurs de basse famille, et par toute sorte de gens en temps de nécessité, » contenant un tiers moins de farine que le pain commun et dont « la matière se trouve en tous pays. » Il faut se hâter d'acheter son secret, concluait le prélat, « car il pourrait le vendre au roi d'Espagne. » J'ignore si ce novateur fit en effet marché avec l'étranger, mais nos compatriotes n'avaient pas besoin de cette découverte pour manger de mauvais pain. Le journal d'Hérouard conte qu'au Dauphin — plus tard Louis XIII — était souvent servi du pain bis, qu'une fois entre autres, il le jeta « parce qu'il était pourri. » Circonstance fortuite sur une table royale ; mais le pain rassis devait être d'une consommation courante, puisqu'en beaucoup de maisons bourgeoises, on ne chauffait le four qu'une fois par mois. Les montagnards du Dauphiné cuisaient leur pâte en octobre, pour tout l'hiver ; aussi devenait-elle si dure qu'il fallait la couper à la hache, comme du bois.

II

Le blé, le pain, sont choses si respectables que l'échevinage ne s'en occupe jamais trop : le grain arrive-t-il sur le marché, défense d'ouvrir les sacs avant l'heure fixée ; tout acheteur doit justifier que ses emplettes ont pour but exclusif sa propre consommation : défense d'acheter pour revendre ni d'absorber plus d'une quantité déterminée. Toute infraction est punie du fouet, d'amende ou de prison. Au meunier, ordre exprès de rendre tant de boisseaux de farine pour tant de blé ; au boulanger, ordre de fabriquer ses pains de tel poids, de les faire marquer et poinçonner avant de les mettre en vente, et parfois de ne les vendre qu'en un lieu unique ; aux boulangères, injonction de se bien tenir, « de ne filer ni faire autre acte immonde en débitant leur pain. » L'année a-t-elle été bonne ? Permission du maire « de faire à volonté des beignets de farine à l'huile, attendu la vileté du blé. » La récolte est-elle mauvaise ? Ordre aux mitrons « de laisser de côté les brioches et gâteaux. » de renoncer aussi au « pain mollet » — pain blanc à croûte dorée — et de ne plus faire que du pain bis ou noir.

On a maintes fois cité le mot du Duc d'Orléans, qui déposa un jour sur la table du Conseil, devant Louis XV, un pain sans farine, en disant : « Voilà, Sire, de quel pain se nourrissent aujourd'hui vos sujets ! » L'année 1739, à laquelle le propos se rapporte, n'était cependant pas une année exceptionnelle : la moyenne de l'hectolitre ne ressort qu'à 14 francs. Mais elle se compose de prix qui vont, suivant les provinces, de 6 francs jusqu'à 28, et les salaires d'alors étaient trois fois moindres que les nôtres. Non seulement la qualité du pain ne s'améliora pas, de Henri IV à Louis XVI, pour la masse de la nation, mais il est probable qu'elle dut être inférieure à ce qu'elle avait été à la fin du moyen âge. Si l'on compare le gain des ouvriers à la valeur des céréales, on constate qu'il ne pouvait en être autrement. Le pain coûtait beaucoup moins en France qu'en Angleterre, d'après Arthur Young ; mais il était beaucoup plus mauvais, d'une nature tout autre. Pour les pauvres, en temps ordinaire, on ne séparait que le gros son ; on supprimait complètement le blutage en temps de disette. Ce son formait, avec les « purges du blé, » le triste pain aumône par beaucoup d'hospices à leur clientèle nécessiteuse. En Beauce, patrie du froment, le paysan ne mangeait que de l'orge et du seigle ; en Normandie et en Bretagne, il se nourrissait de blé noir ; partout il avait recours à l'avoine, en cas de hausse des grains. L'avoine et le son jouaient, sur la table populaire, un rôle d'échelle mobile contre la disette. Dans le Midi, la bouillie de millet, — le millet des oiseaux, — formait le fond de l'alimentation modeste. Elle fut remplacée, au XVIIIe siècle, par le maïs, pilé dans le « mortier à mil. »

Quand ces grains renchérissaient trop, le « pauvre homme de labeur » se rejetait, suivant les régions, sur les châtaignes, les raves, les fèves, les haricots, plus récemment sur les pommes de terre. Le méteil même, jusqu'à la Révolution, demeura de luxe ; en beaucoup de villages de la région parisienne, on ne mangeait du pain blanc que le jour de la fête patronale et, dans certains districts bretons, l'on ne put établir en l'an III la taxe du blé, parce que cette céréale n'y avait jamais été cultivée.

Jusqu'à nos jours, les peuples civilisés, quoiqu'ils eussent fait de belles découvertes, écrit des livres immortels, remué beaucoup d'idées et atteint, en certains arts, aux dernières limites de la perfection, n'étaient point parvenus encore à s'assurer de quoi vivre. Il arrivait périodiquement qu'ouvriers et laboureurs, c'est-à-dire les quatre cinquièmes de la nation, manquaient de pain. Chaque récolte insuffisante était comme une de ces batailles où sont fauchées d'un seul coup des milliers d'existences. On remarque, en dépouillant les actes paroissiaux, que les périodes de mortalité correspondent presque toutes aux époques de cherté du grain. La mort est l'argument décisif par lequel la population appuie ses doléances. Lorsque les Etats provinciaux, intendants ou publicistes déclarent que les paysans « sont contraints de paître l'herbe ; » lorsqu'ils montrent l'habitant d'une région sans récolte, errant, égaré par la douleur, réduit à « ramasser dans les ruisseaux des boucheries du son mêlé de sang, » on doit craindre qu'ils n'amplifient ; mais les récits des chroniqueurs et les rapports des fonctionnaires sont documentés. Notre temps n'entend plus ce cri, poussé parfois d'un bout à l'autre du royaume, sur la détresse d'aliments, sur la faim transformée en passion, puis en supplice. Le drame du pain, au dénouement funèbre, ne se joue plus, du moins en France. Il est si oublié qu'il en devient improbable. Nos fils auront quelque peine à y croire.

Si l'objet de cette étude ne m'engageait à me renfermer dans le domaine précis des chiffres, il serait aisé de multiplier les détails cruels. En dehors des famines bien connues de 1694 et de 1709, les deux derniers siècles subirent plus de vingt-cinq années où la pénurie de grain se fit rudement sentir. Exprimés en *monnaie de nos jours*, d'après la puissance d'achat de l'argent, les *prix moyens* de l'hectolitre de froment furent de 64 francs en 1608, de 74 francs en 1624, de 85 francs en 1631, de 70 francs en 1636 et 1637, de 56 francs en 1660, 1661, 1662 ; de 67 francs en 1710 et 1714, de 62 francs en 1793. L'abondance exceptionnelle de certaines récoltes et le bon marché qui en était la conséquence ne compensaient nullement les disettes des heures désastreuses, ni pour la bourse, ni pour l'estomac du travailleur ; et lorsque ce travailleur était un rural, c'est-à-dire un producteur, ce bon marché excessif le mettait mal à l'aise.

Les moyennes annuelles se composent en effet de prix si divers que, dans les temps modernes comme au moyen âge, la pléthore d'une province coïncidait avec l'indigence d'une autre, sans qu'elles parvinssent à se porter un mutuel secours. Le blé vaut, en 1605, 38 francs à Agen et 7 fr. 50 à Strasbourg. En 1612, il vaut 29 francs à Lille et 7 francs à Caen. En 1630, il monte jusqu'à 41 francs à Tulle et s'abaisse jusqu'à 11 francs à Châteaudun ; prix *intrinsèques*, qu'il faut doubler ou tripler pour avoir leur valeur actuelle. Sous Louis XIV, le blé se vendit, en 1670, 31 francs à Paris et 7 francs à Orléans ; en 1686, il descendit au prix dérisoire de 2 francs à Rouen, tandis qu'il se maintenait à 17 francs à Uzès. Sous Louis XV, les écarts sont moins grands ; la valeur ne diffère que du triple, d'une ville à l'autre, et plus d'une fois, durant l'excellent ministère de Fleury, les prix se trouvent identiques sur tout le territoire. Avec le développement des routes, sous Louis XVI, la tendance au nivellement s'accentue ; la différence maximum n'est plus que du simple au double. Mais les prix avaient uniformément haussé, sur tout le territoire, beaucoup plus que les salaires. Les progrès de la population surpassaient les progrès de l'agriculture.

Si une *révolution inverse* ne s'était effectuée de nos jours, et si nous n'avions pas, en outre, la ressource de l'importation, non seulement les Français d'aujourd'hui mangeraient encore du pain d'avoine, mais cet aliment même leur ferait défaut, puisque le nombre des bouches à nourrir s'est, depuis cent ans, accru de près de moitié à l'intérieur de nos frontières.

En comparant le revenu de l'hectare de terre au prix de l'hectolitre de blé, on constate que, de 1500 à 1600, le blé avait quintuplé, — de 4 à 20 francs l'hectolitre, — tandis que le revenu foncier était seulement deux fois et demie plus fort, — de 8 à 19 fr. — Comme le prix de la main-d'œuvre était stationnaire, cela signifiait que la terre était mal cultivée, qu'elle rendait peu, puisque *ses produits haussaient de prix beaucoup plus qu'elle-même.* Du XVIIe siècle à la Révolution, le revenu de la terre et la valeur du blé demeurent à peu près dans le même rapport. Enfin, depuis cent ans, ce rapport a totalement changé : la rente de la terre *a doublé* pendant que le blé ne haussait que *d'un quart*, mouvement tout contraire à celui du XVIe siècle.

Pour que la terre ait pu se louer ainsi beaucoup plus cher, quoique les marchandises tirées de son sein n'aient presque pas enchéri, il a fallu que ces marchandises se fussent multipliées *en quantité*, et chacun sait en effet quelles améliorations ont été réalisées par l'agronomie contemporaine. Le fait mérite d'autant mieux d'attirer l'attention que, durant le même laps de temps, les salaires ruraux ont triplé, et que, par conséquent, les frais de fabrication du blé auraient augmenté dans une mesure analogue, sans la découverte des machines à moissonner et à battre. La récolte moyenne de l'hectare ensemencé en froment, que l'on évalue aujourd'hui à 15 hectolitres, ne dépassait pas naguère 8 ou 9 sur l'ensemble des surfaces emblavées. Elle avait peu varié durant six cents ans. Un traité de 1290 estime le rendement des bonnes terres à 875 litres par hectare, — cinq fois la semence, qu'il compte à 175 litres seulement, — et conseille de renoncer à la culture du froment dans les terrains où le rapport n'excède pas le triple de la semence (il s'en voyait d'aussi médiocres), parce qu'en ce cas la valeur du grain ne couvrait pas les frais de labour et de moisson. La crise agricole n'est donc pas née d'hier ; dès la fin du XIIIe siècle, il y avait des propriétaires qui se plaignaient.

Le salaire du manœuvre contemporain représente 21 litres de seigle et 12 litres et demi de blé, en adoptant pour ce grain le prix de 20 francs l'hectolitre, supérieur à la moyenne des dernières années. Le journalier de 1789 ne gagnait que 5 litres 70 de blé et 7 litres de seigle. Pour l'ensemble des XVIIe et xviiu3 siècles la journée de travail, *évaluée en froment*, représente seulement 5 litres 25 de cette céréale. Il est clair que la consommation d'une denrée aussi coûteuse était interdite au paysan et à l'ouvrier, puisque sa valeur eût absorbé, dans les familles nombreuses, le total du salaire.

Cette constatation m'empêche de comparer le prix du pain actuel à celui des pains anciens, puisque leur nature n'est pas la même. Depuis le méteil, le *conségal*, le *véronet*, — mélanges où le froment entre pour la moitié, voire pour le quart, — jusqu'à l'avoine et au blé noir, il y avait de tout, y compris du son, dans ces pâtes antiques, et ce n'était pas par fantaisie que les pauvres alors mangeaient des pains aussi « complets. » En 1631, où le kilo de froment se vendait 44 centimes, le kilo de pain bis ne valait que 16 centimes, le pain noir, dit *de brodde*, valait 20 centimes, le « moyennement blanc, » ou « bourgeois, » 29 centimes, le pain *de Chailly* 36 centimes, et le pain *de chapitre* 40 centimes. A côté du pain blanc, qui valait à peu près autant que de nos jours, sauf dans les années de pénurie ou d'abondance extrême, figurent nombre de pains « gris, » de pains « bruts, » de pains « roussets, »de pains « des pauvres, » « des prisonniers » ou « de munition, » cotés à moitié ou au tiers du pain de froment, et variant entre 25 et 10 centimes le kilo ; soit, *en monnaie actuelle*, — d'après la puissance d'achat de l'argent, — de 63 à 25 centimes. A ces prix, le pain d'alors, si médiocre cependant, exigeait des consommateurs peu aisés un débours proportionnellement très supérieur à celui de l'excellent pain qu'ils possèdent aujourd'hui. L'ouvrier, forcé de réserver à l'achat de cet aliment indispensable une plus grande part de son budget, avait ainsi moins de faculté de se nourrir d'autre chose, et la cherté même du pain obligeait les pauvres gens à en manger davantage.

III

Adam Smith était tout près de regarder comme extraordinaire ce temps où le prix de la viande s'élève assez haut pour qu'il y ait autant de profit à employer la terre à l'alimentation du bétail qu'à l'alimentation des hommes ; pour qu'il fût, en d'autres termes, aussi avantageux au cultivateur de faire de l'herbe que du grain. « Arrivé à ce niveau, ajoutait-il, le prix du bétail ne peut plus beaucoup hausser. » Cette observation devait être suggérée à l'auteur de *la Richesse des nations* par la plus-value importante des animaux de boucherie, qui se produisait sous ses yeux dans la seconde moitié du XVIIIe siècle.

Le kilo de bœuf était arrivé, sous Louis XVI, à valoir trois kilos de froment ; tandis qu'antérieurement, il n'en valait que deux. Ce rapport nouveau du bétail aux céréales n'était pas sans exemple : à la fin du XVe siècle, un poids donné de viande se vendait le triple du même poids de blé. Mais qui donc, au temps d'Adam Smith, se souciait des chiffres du XVe siècle ? L'état de la science agricole ne faisait guère prévoir que l'on parviendrait à multiplier le rendement des vieilles terres, et l'état des moyens de transport ne permettait pas d'imaginer que bientôt des grains, issus de terres nouvelles, iraient se promener sur le globe en quête d'acheteurs. Ces deux causes ont eu pour résultat d'immobiliser en Europe la valeur du blé, tandis que celle de la viande augmentait encore ; si bien qu'aujourd'hui, ce n'est plus 2 kilos de froment, comme sous Louis XV, ni 3 kilos comme au temps de la Révolution, mais bien 7 kilos de froment qu'il faut payer 1 kilo de bœuf : celui-ci coûte 1 fr. 70, l'autre 24 centimes.

Instruit par l'expérience de l'histoire, je me garderai bien de tirer, du changement de rapport des prix de la viande avec ceux du grain, la formule d'une de ces lois, soi-disant « nécessaires, » à laquelle le train journalier du monde viendrait, demain peut-être, donner quelque éclatant démenti. Je ne vois, — à cet écart grandissant, entre les cours des deux denrées, — aucune cause fatale, ni même durable : rien n'empêche d'augurer que la viande soit destinée à baisser dans l'avenir, tant par l'accroissement du bétail élevé sur notre sol que par les importations du dehors. On sait qu'il n'est venu jusqu'ici de l'étranger qu'une faible quantité de chair, fraîche ou conservée ; certaines matières animales, — suifs, peaux, laines, etc., — ont seules pénétré en assez grande abondance pour influencer la cote de nos similaires indigènes. Le bon marché même de ces produits accessoires, favorable à plusieurs industries et à divers besoins de l'homme, devait naturellement faire enchérir la portion comestible de l'animal, seule capable désormais de donner aux bouchers un bénéfice.

Comparée, non plus au blé, dont le prix est presque identique à ce qu'il était il y a cent ans, mais au coût de la vie en général, que nous estimons avoir doublé depuis un siècle, la viande a subi une hausse plus forte que la moyenne des marchandises : de 68 centimes le kilo, qu'elle se vendait sous Louis XVI, elle est passée à 1 fr. 70 ; elle est donc deux fois et demie plus chère. Non qu'elle soit moins abondante sur notre territoire ; mais la consommation, favorisée par l'aisance, s'est accrue dans une mesure plus large encore que les progrès de l'élevage, qui pourtant ont été considérables.

Que les bestiaux aient été à vil prix au moyen âge, cela tenait à l'immensité de la lande, de la forêt, au chiffre infime des habitants. Dès le milieu du XVIe siècle, pour faire subsister sur une même surface un bataillon plus serré d'êtres humains, il fallut changer les conditions d'exploitation. Le guéret dut s'élargir, tandis que la forêt songea à se défendre, parce que le bois prenait de la valeur. L'espace abandonné au bétail demeurait bien vaste pourtant, mais, — fait explicable après tant de pillages et de ruines, — le bétail, sous Henri IV, manquait. Le paysan pouvait, grâce au système de la vaine pâture, entretenir des animaux sans posséder de terre. Mais, n'ayant pas toujours de quoi en acheter, il les louait, et l'on s'aperçoit qu'il les louait fort cher. Tel « laboureur de vignes, » en Seine-et-Oise, prend à bail d'un receveur de la Cour des Aides à Paris « une vache sous poil brun, » moyennant un loyer annuel de 17 francs (1600). Ces 17 francs étaient une somme considérable, presque le tiers de la valeur de l'animal, qui coûtait alors 56 francs en moyenne. Beaucoup de baux du même genre sont cependant faits à la même date pour le même chiffre ; tandis que, quatorze ans plus tard, le loyer avait baissé à 8 francs, preuve évidente de la multiplication de l'espèce. Les locations de bestiaux furent un placement mobilier du moyen âge, dont le taux, selon qu'il montait ou descendait, était l'indice de la misère ou de l'aisance des campagnes. Aux temps modernes, ce genre de transactions tend à disparaître ; on ne le remarque plus guère que dans le Dauphiné, où les vaches au siècle dernier se louaient 6 francs de mai à octobre, ou bien en des périodes critiques telles que la fin du règne de Louis XIV.

La renaissance agricole qui signale les premières années du XVIIe siècle amena les novateurs à se demander si l'on ne pourrait améliorer les vaches indigènes de qualité assez médiocre. On leur substitua peu à peu, en Normandie, en Poitou et dans les marais de la Charente, une race importée de Hollande, qui passai !, suivant une opinion un peu légendaire, pour avoir elle-même été tirée des Indes ; sa grande taille et sa forme élancée lui avaient valu le nom de *flandrine*. Les flandrines, au dire de leurs partisans, donnaient du lait toute l'année ; leurs veaux pouvaient être sevrés au bout de peu de temps et nourris de lait baratté, tandis que ceux de France ne s'accoutumaient pas à ce régime et mouraient.

Il semble au premier aspect que le système d'autrefois, — liberté à chacun d'envoyer son bétail dans les bois et les jachères, — directement issu du régime de la communauté partielle des biens, qui a subsisté jusqu'à nos jours, ait dû, plus que le cantonnement moderne, être favorable à la pullulation, sinon à l'amélioration des sujets. Le contraire pourtant se produisait. L'abondance du bétail n'était qu'apparente ; dès que la population augmenta, elle manqua de viande. Que penser de l'ordonnance qui, au temps du cardinal de Fleury, interdit, sous peine de 3 000 livres d'amende, de faire sortir du royaume aucun bétail et décharge en même temps de tout droit celui qui viendrait de l'étranger ? Une autre décision administrative avait précédemment défendu « de vendre ou tuer des agneaux à partir de 1726. » Des règlements de police avaient souvent édicté, au XVIIe siècle, les mêmes prohibitions pour les agneaux âgés de moins d'un an et rappelé les édits de Charles IX et d'Henri III qui, « pour faire régner l'abondance, » prescrivaient, « sous peine du fouet, » de ne tuer aucun agneau depuis le 1er janvier jusqu'au 31 juillet de chaque année. Pareille prévoyance était recommandée pour les veaux, « lesquels, par la friandise de ce temps, voient à peine la lumière, » allusion à quelques gourmets qui mangeaient des veaux de lait engraissés avec des œufs.

Mais ce n'était nullement pour satisfaire le luxe délicat d'une poignée de gastronomes, que les campagnards se débarrassaient très souvent de leurs veaux à peine nés ; c'était par suite de la difficulté de les nourrir, avec des vaches qui, réduites pendant l'hiver à une alimentation insuffisante, ne donnaient presque pas de lait. S'il avait fallu servir à la mère, pour rendre sa traite plus abondante, une ration quotidienne de ce son précieux que les paysans mettaient dans leur pain, et qui coûtait de 10 à 12 francs les cent kilos, le veau se serait vendu trop cher pour que les bouchers eussent pu l'acheter.

Le boucher n'était pas un commerçant, comme celui de nos villes qui exerce librement sa profession ; c'était une sorte de fonctionnaire. Il prête, en prenant possession de son étal, le serment solennel « de bien servir la cité et tenir toujours assortiment de viandes saines » au taux légal. Car il va de soi que la viande est taxée, après des « essais » laborieux, faits par les maires et échevins pour en établir le rendement. Et non pas la viande en général, mais chaque morceau en particulier ; et si le boucher prétendait profiter de quelque omission dans l'ordonnance municipale pour agira sa guise, la population se plaignait aussitôt aux consuls, comme elle fait à Nîmes (1631), que « les langues de bœufs soient vendues huit sous, qui est un prix fort excessif. « Quoique les choses paraissent ainsi réglées au mieux, avec de bonnes amendes naturellement prévues vis-à-vis des contrevenants, les relations demeurent difficiles et orageuses entre les autorités et le commerce de la « chair. » Ici le conseil communal menace les préposés officiels de faire venir des étrangers, en concurrence avec eux, « s'ils continuent à mal satisfaire les acheteurs. » Ailleurs, sur le refus des bouchers de vendre au prix fixé, l'administration organise elle-même une boucherie qu'elle fait desservir par ses employés. Les bouchers essaient-ils d'une résistance concertée, se mettent-ils en grève et ferment-ils leurs boutiques : c'est par la confiscation de leurs « bancs » et par l'*emprisonnement de leurs personnes* que les récalcitrants, au XVIIIe siècle comme au XVIIe, dans les moindres localités aussi bien que dans les chefs-lieux de province, sont ou paraissent être mis à la raison.

En fait, cet appareil coercitif n'aboutissait à rien de pratique. Les pouvoirs publics, malgré leur ingérence minutieuse, finissaient toujours par capituler. Lorsque les bouchers qui « refusaient de tuer » étaient demeurés quelques jours sous les verrous, l'autorité se voyait forcée d'en venir à composition et le prix de la viande se trouva ainsi, à travers mille disputes, exactement ce qu'il eût été, s'il n'avait dépendu que de la libre volonté des marchands et des acheteurs.

Le prix moyen des bœufs, vaches et taureaux passa de 56 francs, sous Henri IV, à 84 francs, sous Louis XIV, pour redescendre à 69 francs, dans les dernières années de ce règne. A partir de 1750 il ne cessa de hausser, de sorte que sa valeur ressort à 105 francs, à la fin de Louis XV et à 140 francs, au moment de la Révolution. Mais le prix des bêtes sur pied ne signifie pas grand-chose, parce que le progrès de l'engraissement les modifia de façon que les bœufs de 1790 n'avaient, avec ceux de 1025, de commun que le nom. Les vaches à lait avaient beaucoup moins haussé. Elles valaient, sous Louis XVI, de 50 à 70 francs en Normandie, et moins encore en Berry ou en Bretagne, tandis que des bœufs gras atteignaient alors 250 et 300 francs. C'est le prix du détail qu'il faut uniquement considérer, le kilo de viande étant seul une marchandise nettement définie. En Angleterre, au XVIIe siècle, les bœufs sur pied valaient deux fois plus qu'en France ; la viande pourtant n'y était pas plus chère, la quantité fournie par chaque animal étant sans aucun doute plus grande. La plus-value du bétail sur pied fut de 150 pour 100, de Henri IV à Louis XVI, tandis que l'augmentation de la viande n'est que de 80 pour 100. Il a fallu, pour qu'un pareil écart se produisît, que l'embonpoint de l'espèce se lût, d'une date à l'autre, accru de moitié.

Cet accroissement n'a pas eu lieu de façon régulière : mis en regard des prix du bétail vivant, ceux du kilo débité révéleront les progrès ou les reculs de l'agriculture. Ainsi, de Richelieu à Colbert, tandis que la hausse est de 33 pour 100 par tête de bœuf ou de vache, elle n'est pas supérieure à 5 pour 100 sur le taux de la viande ; dans les années suivantes, la viande baisse et le bétail vif ne diminue pas. Le changement de rapport des prix entre eux ne s'explique que par l'existence, à la fin du XVIIe siècle, d'animaux plus gros, le poids vif représente 139 kilos en 1640, 177 kilos en 1670, 202 kilos en 1685. Un mouvement inverse se produit dans le premier quart du XVIIIe siècle : le kilo de bœuf monte, tandis que le bœuf sur pied descend ; l'animal a donc perdu de son volume.

Les prix de la viande au détail varient naturellement moins que ceux des bêtes sur pied : cependant, le kilo de bœuf, pour l'armée, est évalué en France à 24 centimes (1629), et celui que l'évêque de Soissons paye à son boucher vaut 62 centimes. Il est des vaches de 22 centimes le kilo, en Bresse et des bœufs, à 84 centimes, en Limousin. Le cardinal de Richelieu s'engage, par contrat avec son fournisseur (1633), à payer la langue de bœuf 2 francs le kilo ; cependant, à Marseille, on l'achète, pour les galères, à la même époque, à raison de 30 centimes. La viande était beaucoup plus chère en hiver qu'en été ; sans doute parce qu'en hiver, les bestiaux étaient plus maigres et les paysans, pour ce motif, moins disposés à s'en défaire : une ordonnance municipale taxe le kilo de bœuf à 28 centimes, « de juillet à décembre, et à 40 centimes, de janvier à juin. »

De pareils écarts sont inconnus de nos jours ; mais il se trouve encore sur notre territoire, suivant les villes, la qualité des sujets et le choix des morceaux, du bœuf à 0 fr. 80 et du bœuf à 4 fr. 50 le kilo. La « viande pour les pauvres » de l'hospice, à Clermont-Ferrand, est cotée 0 fr. 22 (1772) ; celle qui est servie aux employés coûte 0 fr. 40. La même année, à Rouen, le bœuf est vendu par les « bouchers de ville » 1 fr. 27 le kilo et, par les « bouchers forains, » 0 fr. 85 ; à coup sûr, ce n'est pas la même viande. Au marché actuel de la Villette, il se négocie, le même jour, des taureaux qui ressortent à 1 fr. le kilo, en « viande nette, » et des bœufs dont la chair revient à 1 fr. 90. Le veau, le mouton, le porc même, valaient plus cher que le bœuf. Le lard était toujours à un taux très différent des autres parties du cochon, tandis qu'aujourd'hui, le gras et le maigre sont d'un prix semblable. C'est là un point fort important, puisque la classe rurale de nos jours se nourrit surtout de lard : sous Louis XIV, lorsque le porc frais valait 0 fr. 54 le kilo, le lard coûtait 1 fr. 10 ; lorsque le porc baissa à 0 fr. 42 (1 700), le lard se vendait encore 0 fr. 90. La distance se maintient au XVIIIe siècle ; elle ne s'atténue que vers la fin de l'ancien régime.

Que la viande de boucherie ait complètement disparu de l'alimentation des classes laborieuses, durant les deux derniers siècles, voilà qui semble assez singulier, puisque le salaire du manœuvre d'autrefois, comparé au prix des denrées de cette sorte, correspond à une quantité de viande égale, ou même supérieure, à celle qu'il représente de nos jours. En 1898, au prix moyen de 1 fr. 60 le kilo pour le bœuf et le porc, la paye de 2 fr. 50 du journalier contemporain lui permet d'en acheter 1 600 grammes environ. Le gain du prolétaire de jadis, mis en regard des prix de la viande au détail, équivaut, suivant les dates, à 1600 grammes aussi (1715), voire à 2 kilos de bœuf ou de porc (1685). C'est seulement à l'époque de Louis XVI que la proportion devient décidément, pour l' « homme de labeur, » moins favorable qu'à l'heure actuelle : 1 200 grammes en 1785. Cette consommation, presque 60 pour 100 plus onéreuse que cent années auparavant, avait dû se réduire en conséquence.

On voit nombre d'hospices décider, en raison de l'augmentation de la viande, qu'il n'en sera plus donné aux « pauvres renfermés » que deux fois par semaine. Ils semblent favorisés encore, car les campagnards sont soumis au régime du maigre toute l'année : en certains cantons de Normandie, au moment de la Révolution, « la boucherie, dit-on, est si modique qu'il n'y a pas lieu d'établir de prix pour les viandes au détail. » Mais, dès le XVIIe siècle, avant le dernier renchérissement, il est remarquable que l'ouvrier de métier, à plus forte raison le paysan, ne mangent de viande qu'en de rares circonstances. On tue quelques bœufs au temps des moissons ; le reste de l'année, les villageois se partagent d'office, — une vieille tradition communiste l'exige, — la chair de ceux que leurs propriétaires ont dû abattre par suite d'accidents. Les autres victuailles ne sont pas plus répandues : le cadeau d'un mouton à l'évêque, à quelque magistrat, au grand seigneur dont on veut se concilier les bonnes grâces, est chose d'usage dans les paroisses rurales. Pour elle-même, la communauté n'y prétend guère ; il est seulement spécifié, dans le bail de la boucherie locale, que le preneur « devra tuer du mouton, quand il en sera averti pour quelque banquet. »

Si, toutefois, la masse du peuple devait s'abstenir de viande, c'était surtout, comme je viens de le dire, à cause de la cherté du pain qui absorbait une trop grosse part de son budget ; et si l'usage de la viande s'est accru depuis cent ans, ce n'est pas que son prix ait diminué par rapport aux salaires, puisque la valeur d'une journée de travail ne représente pas plus de grammes de bœuf, en 1898, qu'au milieu du règne de Louis XV. Mais d'autres chapitres, en devenant moins lourds, ont laissé plus de latitude au paysan.

IV

Tel est, par exemple, le poisson, dont le développement des transports a modifié la qualité : si l'on excepte une étroite bande de terrain dans le voisinage immédiat des côtes, on ne connaissait d'autre poisson frais que celui d'eau douce. Dans les marchés passés pour la fourniture des princes et grands seigneurs, il était stipulé toujours que le pourvoyeur « ne devrait livrer aucun poisson mort, dans les localités sises sur une rivière ; » d'où l'on peut induire que, faute d'un étang ou d'un fleuve à proximité de leur résidence, des personnages très délicats se contentaient de poisson salé. Si tous les émules de Vatel avaient été piqués d'un amour-propre égal au sien, la race glorieuse des « écuyers de cuisine » n'eut pas tardé à disparaître, victime de son désespoir, parce que les arrivages de marée ne pouvaient être ni très bons, ni très sûrs.

L'écart entre le prix des poissons frais et salés demeurait considérable, aux temps modernes : un saumon de 0m, 80 de longueur se vendait à Paris, sous Mazarin, 40 francs, s'il était frais, 8 francs seulement, s'il était salé. Cent ans plus tard, un saumon de même taille, servi sur la table de Marie Leczinska, se payait encore 8 francs, à l'état salé, et ne valait plus que 28 francs, à l'état frais. La question du transport dominait si bien toute cette branche de commerce que les huîtres, *conservées ou marinées*, descendaient, au XVIIe siècle, jusqu'à 0 fr. 30 le cent, tandis que les huîtres *en écailles*, de moyenne grosseur, se vendaient au moins 3 francs. Quant aux huîtres vertes de Marennes, recherchées par les gourmets et seules admises à l'honneur de la table royale, elles revenaient à 17 francs le cent dans Paris.

En 1789, le kilo de carpes, perches ou brochets se payait 1 fr. 15, le kilo de bœuf, 0 fr. 66 seulement ; rapport aujourd'hui totalement changé. La viande de boucherie vaut beaucoup plus, à poids égal, que le poisson d'eau douce et même que le poisson de mer, à l'exception des espèces de luxe, enchéries le long des côtes, diminuées à l'intérieur. Le kilo de sole ou de turbot valait, au siècle dernier, 0fr. 70 à Brest ; il coûtait 5 francs à Paris où, de nos jours, son prix moyen ressort à 2 fr. 50, peu différent sur le carreau des Halles de ce qu'il est dans le port d'expédition. Et si l'on envisage seulement les sortes communes, raies ou congres ou cabillauds, dont le kilo varie de 30 à 75 centimes aujourd'hui, on constate que ces chiffres étaient, à peu de chose près, les mêmes sous Louis XV, quoique la consommation ait prodigieusement augmenté ; à Paris, depuis cent ans, elle a décuplé. L'alimentation a, par suite, changé de nature ; la consommation du hareng et de la morue, seuls poissons que mangeât le peuple de Paris au XVIIe siècle, n'a cessé de décroître dans la capitale : de 4 millions de kilos qu'elle atteignait sous Louis XV, elle est tombée à moins de 900 000, malgré l'accroissement de la population.

Le poisson frais, offert dans les villes, a relégué les « salines » dans la chaumière du paysan, qui naguère osait rarement y prétendre ; ainsi le progrès a beaucoup allongé la liste des comestibles, comme celle des matières servant à l'éclairage ou au vêtement. Ici, le prix des denrées anciennes, soit parce qu'elles n'ont plus qu'un rôle accessoire, soit parce qu'elles sont elles-mêmes plus abondantes, n'a pas augmenté dans la mesure moyenne du coût de la vie. La morue, vendue de nos jours 1 franc ou 1 fr. 20 le kilo, valait aux deux derniers siècles de 0 fr. 60 à 1 fr. 25, en général 0 fr. 80. La hausse est de 50 pour 100 à peine. Le hareng était moins cher au XVIIIe siècle : 6 à 8 francs le cent dans les villes du centre, 3 à 5 francs dans les ports de pêche ; mais, sous Louis XIV, il se vendait à un taux peu inférieur aux 11 francs qu'il coûte maintenant chez les marchands de détail.

C'avait été un luxe, en certaines périodes du moyen âge, quand on avait deux œufs pour 0 fr. 02, de manger un hareng de 0 fr. 06 ou 0 fr. 07. A la fin de l'ancien régime, la dépense semblait identique, le hareng ayant diminué, tandis que la douzaine d'œufs augmentait. Hausse très relative du reste, puisque la moyenne s'établit à 0 fr. 38, de 1601 à 1700, et à 0 fr. 30 seulement, de 1701 à 1790. La hausse des œufs est liée sans doute au développement de l'agriculture, à la diminution des jachères, où les poules vagabondes ne coûtaient rien à entretenir. Les œufs descendaient, il y a 200 ans, jusqu'à 0 fr. 18 la douzaine, au printemps, dans la campagne et montaient en hiver, s'ils étaient frais, à 0 fr. 75 au moment de la cherté annuelle. Des écarts analogues existent à nos halles contemporaines, suivant la saison et la grosseur. Au prix moyen de 1 franc la douzaine, la journée actuelle du manœuvre équivaut à 30 œufs ; elle en représenta d'ordinaire 25 au XVIIe siècle et 29 au XVIIIe. Sur ce chapitre, où la hausse pourtant a été si forte, le travailleur d'à présent est aussi bien traité que ses ancêtres. Peut-être même l'est-il mieux, si l'on considère que les œufs modernes sont en général plus gros que ceux de jadis, par suite du régime des volailles et de la sélection des races.

L'accroissement de bien-être est sensible, pour les fromages dont les types figurent encore sur nos marchés ; ils ont à peine doublé de prix ; le gruyère, qui vaut 1 fr. 25 à 2 francs le kilo, variait de 0 fr. 75 à 1 fr. 20, et les autres à l'avenant. Le beurre, bien que sa consommation ait singulièrement progressé, n'a de même haussé que du double : de 1 fr. 25 à 2 fr. 50 le kilo. Le plus renommé naguère, celui de Vanvres, s'achetait 4 fr. 50 à 5 francs ; celui des campagnes lorraines ou bourguignonnes ne valait, à l'état salé, que 0 fr. 45. La différence des prix, de l'hiver à l'été, devait être beaucoup plus sensible que de nos jours, en raison de la stérilité périodique des vaches. De là, sans doute, provenaient les prix élevés du lait, qui vaut, dans la même région, de 9 à 33 centimes le litre. La moyenne de 0 fr. 15, résultant des chiffres fournis par les diverses provinces au moment de la Révolution, est certainement très supérieure à la moitié de la valeur actuelle du lait.

V

Pour n'avoir pas à subir les adultérations raffinées que les découvertes récentes ont rendues possibles, le lait et le beurre n'en étaient pas moins soumis à diverses pratiques frauduleuses : le lait de Paris, dès le XIVe siècle, était souvent écrémé et baptisé par les marchands. Ce serait, au reste, une erreur de croire que la falsification des denrées alimentaires soit l'apanage exclusif du temps présent : les générations précédentes faisaient, en ce genre, ce qu'elles pouvaient ; elles y apportaient moins d'art, mais non plus de scrupules que nous.

Le vin seul suffirait à défrayer un chapitre. Les efforts faits dans le passé, avec plus ou moins d'adresse, pour modifier artificiellement le jus naturel du raisin venaient de ce que celui-ci souvent était détestable. Défauts du terrain, ou des cépages, ou de la fabrication, il fallut une éducation plusieurs fois séculaire pour remédier à tout cela, à travers mille tâtonnements. Il y eut ainsi, dans toute la France, des provinces entières et, dans l'étendue de chaque province, nombre de surfaces où la vigne successivement fut plantée, puis arrachée, reparut de nouveau pour disparaître encore. Cela, sous diverses influences, économiques ou agricoles, fiscales ou politiques. S'inspirant des ordonnances du XVIe siècle, qui craignaient de voir le labour délaissé « pour faire plant excessif de vignes », des arrêts du Conseil, sous Louis XV, condamnaient encore à 3 000 livres d'amende les habitants d'une paroisse voisine de Bourges, qui avaient transformé sans permission quelques-uns de leurs fonds en vignobles.

Cependant, à quelques lieues de distance, des propriétaires convertissaient volontairement d'anciennes vignes en champs. Dans le Maine, l'Orléanais, en Normandie, en Ile-de-France, point n'était besoin d'opposer de barrières à l'envahissement des ceps ; ils se retiraient d'eux-mêmes ; leur rendement était trop faible, — une vingtaine d'hectolitres à l'hectare dans le bassin de la Seine ; — le vin obtenu ne rapportait souvent pas plus que les céréales et coûtait beaucoup plus à produire. »

C'avait été le rêve du moyen âge d'empêcher le vin « étranger » de venir faire concurrence à celui du cru, et par « étrangers » l'on entendait tous ceux qui ne sortaient pas des pressoirs de la seigneurie ou de la ville. L'idéal semblait être de maintenir un prix de vente réglé, *en chaque localité*, sur le prix de revient : à Bourg, en Bresse, l'achat du mâcon, du beaujolais, du bugey est sévèrement prohibé, au profit d'un certain « révermont » qu'il faut boire sous peine d'amende. En Languedoc, Gascogne, Provence, dans tout le Midi, chaque bourgade se condamne à absorber son vin jusqu'à la dernière goutte, par ordonnance du maire, et à le payer au prix fixé par arrêté municipal. Jurats et consuls tiennent la main à ce que les aubergistes n'achètent pas d'autres futailles que celles des habitants, et c'est par une faveur tout exceptionnelle que le curé est autorisé parfois à introduire pour sa provision quelques pièces du dehors.

Des barrières analogues à celles qui arrêtaient l'entrée des boissons avaient aussi été organisées sur chaque territoire pour paralyser leur sortie, théoriquement du moins, puisque, pratiquement, les vins voyageaient comme les blés, en vertu de tolérances ou de permissions fréquemment renouvelées. Quand la récolte était mauvaise, au siècle dernier, dans les régions où

Paris s'approvisionnait, les marchands de la capitale obtenaient la suspension des taxes qui frappaient les vins, au passage de Rouen et du Havre, afin d'en faire venir par mer du Languedoc. A l'intérieur, les impôts perçus par le Trésor, sous des noms et formes multiples, la masse des petits profits de péage, contrôle, courtage, reliage, tirage, attribués à des fonctionnaires légalement interposés entre producteurs et consommateurs, doublaient aisément le prix d'achat. Le port et l'entrée à Paris d'un muid de 268 litres coûtait 50 livres en 1712, soit environ 150 francs d'aujourd'hui, en tenant compte de la valeur *relative* de l'argent.

J'ai recueilli, pour les XVIIe et XVIIIe siècles, environ sept cent cinquante prix de vin ; de 1601 à 1700, très peu sont supérieurs à 100 francs l'hectolitre, sauf en une année de disette (1693), où le chiffre de 126 francs est pratiqué à Nîmes. Ce dernier taux, normal pour le vin de table fourni à la Duchesse de Bourgogne, n'est guère dépassé que par les bouteilles de vin d'Espagne ou des Canaries, payées jusqu'à 2 fr. 70 chacune. A l'autre bout de l'échelle, il ne manque pas de vins indigènes au-dessous de 10 francs l'hectolitre ; il s'en trouve d'inférieurs à 5 francs, lors des récoltes exceptionnelles. Le cardinal de Richelieu ne trouvait preneur du jus, défectueux à coup sûr, qu'il vendangeait à Rueil, qu'à raison de 4 francs l'hectolitre. Il se gardait d'en boire, ni de le faire boire dans sa maison. Celui qui était servi à Son Éminence revenait à 60 francs l'hectolitre ; pour les personnes de sa suite, il coûtait 39 francs, et 29 francs « pour le commun, » laquais et serviteurs de tout grade. Ce dernier chiffre se rapproche de la moyenne de l'époque, qui ressort à 22 francs. Le vin donné aux soldats était évalué à 11 francs l'hectolitre (1629), mais on ne pouvait espérer un pareil prix que dans le Midi, ou durant les années d'abondance. Les cours subissaient, en effet, des fluctuations inconnues à notre époque ; dans la région parisienne, où nous venons de citer des vins à 4 francs, nous en pourrions citer aussi à 60 francs. Ils varient en Bourgogne de 12 à 55 francs l'hectolitre, de 8 à 42 francs en Alsace, de 3 à 26 francs en Languedoc, de 6 à 40 francs en Provence.

Et s'il est vrai que, selon le cru, l'âge, l'année, selon qu'il est vendu en gros ou en détail, la valeur de ce qu'on appelle du « vin » est susceptible d'aller aujourd'hui de 7 francs à 1 000 francs l'hectolitre, — le premier chiffre se rapportant par exemple aux vins de l'Aude et du Gard en 1893, le second s'appliquant à des champagnes de grande marque ou à des château-yquem d'une date renommée ; — s'il est, par conséquent, impossible, de conclure, du rapprochement des chiffres d'une année à la suivante et, dans la même année, d'une ville à l'autre, que le prix des vins était sujet à des alternatives de hausse et de baisse plus brusques et plus saisissantes autrefois qu'à l'heure actuelle ; cependant, lorsqu'on suit les cours des mêmes vignobles durant un certain temps et lorsqu'on note le taux excessif atteint par des liquides très ordinaires, si la récolte venait à manquer, — Moulins, en 1710, paya le vin 100 francs l'hectolitre, et Mézières 155 francs, lorsque sa valeur moyenne était de 24 francs, — on peut se convaincre de l'état précaire où le défaut de circulation et l'absence de réserves suffisantes plaçaient à la fois les consommateurs et les producteurs.

Pour le vin comme pour le blé, la réglementation du commerce par l'Etat et les villes n'obtenait donc ni l'un ni l'autre des résultats qu'elle se proposait : assurer l'écoulement des marchandises aux époques de pléthore ; obvier, aux moments de pénurie, à la hausse démesurée. Le vin, qui peut être évalué à 19 francs l'hectolitre pour l'ensemble du XVIIe siècle, demeura au même prix de 1701 à 1790, mais avec une tendance à la baisse vers la fin de l'ancien régime. Comparé aux salaires, il avait au contraire légèrement enchéri sous Louis XVI. La journée du manœuvre représentait, tantôt 3 lit, 30 de vin, sous Richelieu, tantôt 5 lit, 30 sous Colbert. Elle tomba à 3 litres sous la Régence du Duc d'Orléans pour remonter à 4 lit, 80 sous Fleury et se réduisit ensuite à 4 lit, 10. Le journalier était donc, à cet égard, moins favorisé que de nos jours, où son gain de 2 fr. 50 correspond à 8 lit, 30.

La consommation du vin, par les classes laborieuses, aurait dû être par conséquent moitié moindre. En pratique, elle variait, bien plus qu'aujourd'hui, suivant les récoltes et les provinces. La piquette était la boisson commune des paysans, même dans des régions vinicoles ; les hospices du Midi, si l'année était mauvaise, ne donnaient à leurs malades que du « demi-vin » et, dans les campagnes du Nord, le jus du raisin était ignoré. « Sur 1 000 habitants de mon village, dit un curé de Picardie, je suis convaincu que 950 n'ont jamais bu de vin. »

Si les vins ordinaires n'avaient pas haussé, de Henri IV à la

Révolution, les qualités de luxe étaient, durant la même période, devenues beaucoup plus chères ; résultat de l'aisance croissante des classes bourgeoises et du développement des transports. Les bons crus de Bourgogne s'achetaient de 100 à 150 francs l'hectolitre, le chambertin monte à 180 francs, le montrachet à 280. Le Champagne mousseux, qui se vendait 1 fr. 60 la bouteille à Paris, par « mannequin de 100 flacons, » vers la fin du règne de Louis XIV, valait 2 fr. 25 en 1751 et jusqu'à 3 francs en 1790. Le bordeaux, dont la vogue était récente, puisqu'il avait toujours été défendu jusqu'en 1763 d'en servir sur la table royale ; le bordeaux, qui, longtemps, n'avait été connu en France que sous les noms génériques de « blaye » ou de « libourne, » voyait au moment de la Révolution ses « châteaux » de Laffite et de Latour cotés 160 francs l'hectolitre dans la capitale.

De toutes les denrées qui précèdent, l'offre et la demande réglaient plus ou moins la valeur : le sel, au contraire, était plutôt un impôt qu'une marchandise, puisqu'il arrivait, par suite des droits, à coûter au public 30 fois plus que le fermier des gabelles ne l'achetait aux salines. En certains districts, du moins, car la taxe était singulièrement inégale. Le royaume se divisait en catégories, dont les unes — pays de *francs-salés* — payaient peu ou point, dont les autres supportaient une charge écrasante. Ces territoires diversement grevés étaient si enchevêtrés les uns dans les autres que, pour réprimer la fraude, l'administration financière fut amenée à établir une aggravation nouvelle, les « greniers d'impôt, » dans le voisinage des régions privilégiées.

Là, les habitants étaient tenus de prendre tous les ans une certaine quantité de sel et, « s'ils ne le vont quérir, on le porte chez eux et on les contraint de le payer, même par emprisonnement de leur personne. » En principe, les laboureurs dont la cote de contribution directe était inférieure à 3 francs pouvaient se soustraire au sel obligatoire ; en pratique, on les y soumettait. L'appréciation arbitraire des commis, prétendant savoir ce que chaque famille en doit absorber, ne permettant pas de l'économiser outre mesure et ne faisant pas grâce d'une once, soulevait des protestations amères. Pour l'ouvrier des provinces de « grande gabelle, » qui payait le sel 1 fr. 50 le kilo sous Louis XVI — soit 3 francs de notre monnaie — et en usait un ou deux kilos par mois suivant le nombre de ses

enfants, cette seule denrée absorbait à coup sûr une part supérieure
à 3 pour 100 du budget, part que nous estimons représenter de nos
jours l'ensemble des dépenses d'épicerie dans un ménage rural. Il
est vrai qu'en 1898 le manœuvre, dont le salaire a d'ailleurs triplé,
n'achète son sel que 20 centimes le kilo.

VI

L'histoire des prix du travail montre qu'ils n'ont eu aucune
corrélation, ni avec le coût de la vie, — ce qui vient d'être dit pour
l'alimentation est également vrai pour toutes les autres dépenses,
— ni avec les progrès agricoles, mais que les salaires s'étaient
proportionnés, *jusqu'à notre siècle*, au mouvement de la population
et à l'étendue de terre disponible. Ainsi, le XVe siècle s'était signalé
à la fois par l'enrichissement des possesseurs du sol et par un
appauvrissement inouï des prolétaires. Ni l'adoucissement des
mœurs aux temps modernes, ni l'affranchissement de la Révolution
n'avaient pu remédier à cette décadence du bien-être populaire.
On ne se souvenait même pas, en 1789, qu'il eût jamais existé pour
l'ouvrier un état meilleur dans le passé, et l'on n'en concevait pas de
plus avantageux dans l'avenir.

A la fin du premier tiers de notre siècle, est entrée en scène une
force nouvelle : la Science. Elle a multiplié pour l'homme la faculté
de produire les objets utiles ou agréables à l'existence, de telle sorte
que le vieil équilibre entre la population, la terre et les subsistances
s'est enfin trouvé rompu et que la hausse du taux des salaires a
dépassé l'accroissement du nombre des bras. Le rôle de l'Etat, dans
ces reculs ou ces progrès, a été nul : jadis, l'autorité ne s'occupait
des salaires que pour les réduire et la loi, mise au service des
consommateurs, était injustement plus favorable aux employeurs
qu'aux employés. Volontiers elle pencherait maintenant dans
l'autre sens. Toutefois, esclave hier, libre aujourd'hui, despote
demain peut-être, le travailleur qui a connu dans le passé de bons
et de mauvais jours, sans que l'Etat ait été pour rien dans les uns ou
dans les autres, ne paraît pas pouvoir dans l'avenir, par sa volonté
propre, influer sur le taux de la main-d'œuvre ; la preuve, c'est que
les corporations fermées du moyen âge, elles-mêmes, n'ont pas
réussi à procurer à leurs membres une condition meilleure que

144

celle des ouvriers isolés : monopoles, privilèges ou entraves n'ont eu ni avantage ni inconvénient pour la rémunération des uns ou des autres.

Torturée par la Science, qui lui dérobe ses secrets un à un, la Nature se laisse approcher et se résigne enfin aux assauts qu'on lui livre. Nous avons forcé ses éléments à s'accoupler à notre guise, domestiqué le feu et l'eau, le sol et l'air, et mis quelque peu la foudre en bouteille. Pratiquement il en est résulté ceci : une heure de travail manuel, évaluée en pain ou en drap, en éclairage ou en boisson, procure maintenant moitié plus de denrées ou de marchandises qu'elle n'en procurait en moyenne, il y a cent ans. Le travailleur jouit ainsi d'un bien-être moitié plus grand que celui de ses aïeux immédiats. Comment donc ne se félicite-t-il pas sans cesse d'être venu au monde en un temps si favorable ? Pourquoi gémit-il, au contraire, lui qui est riche, tandis que les générations précédentes ne se plaignaient pas, quoiqu'elles fussent pauvres ?

Sans doute, c'est que le *bien-être* ne contribue que dans une faible mesure au *bonheur* ; il agit dans un domaine étroit en somme, satisfait quelques appétits, mais ne garantit pas la première de toutes les joies physiques, la santé. Pour les souffrances de l'esprit, pour les chagrins du cœur, la crue du bien-être est indifférente. La vie à cet égard demeure dure, mauvaise ; si mauvaise et si décevante que, chaque jour, quelques-uns d'entre nous volontairement la quittent et que beaucoup regardent comme une délivrance l'heure où ils seront quittés par elle.

Mais quoi ! ces douleurs morales, vieilles autant que l'humanité, ne provoquent pas plus de révolte, à notre époque et dans notre pays, qu'elles n'en suscitaient naguère. D'où vient que ce peuple et ce temps, assouvis de jouissances insoupçonnées par les autres peuples et les autres temps, est précisément indigné contre son sort *sur ce seul chapitre* où il devrait se réjouir ? Ouvriers de la douzième heure, pour qui s'est allégé le poids de l'antique et universelle misère, nous protestons avec fureur contre une destinée que les ouvriers des heures matinales eussent rêvée à peine ; eux qui acceptaient sans murmurer leur infortune, qui l'acceptent encore dans ces trois quarts du globe où l'homme est loin de pouvoir se repaître comme une vache dans un bon pré.

Il semble que le civilisé du XIXe siècle, depuis qu'il est vêtu, s'aperçoit de sa nudité ; la boisson dont est rempli son verre lui révèle la soif, et la conscience de ce qu'il possède engendre chez lui le sentiment de la privation. Il se connaît tout à coup misérable ; il l'est par conséquent, comme a dit Pascal, puisque c'est être misérable que de se connaître tel. Le fellah, le moujik, le paria, le bédouin, le nègre ou le Peau-Rouge ne se connaissent pas misérables ; aussi ne le sont-ils pas. Est-ce donc l'ultime résultat de la civilisation que de faner les fleurs en nos mains à mesure qu'elle nous les donne à cueillir et de nous prodiguer des pains qui se changent en pierres ? Dans l'ordre intellectuel, si la majorité du genre humain avait conscience de sa médiocrité, elle serait inconsolable. L'amour-propre individuel nous préserve de ce malheur, parce qu'il est moins aisé d'apercevoir la modicité de son esprit que celle de ses ressources, comparées à ses désirs. Misère de comparaison, en effet, les plaintes actuelles n'ont pas d'autre origine. L'inégalité des fortunes subsiste ; elle semble insupportable à l'âme inquiète et compliquée de notre démocratie ; tandis que les cervelles en friche du peuple féodal, où l'*hommage* était l'unique lien, ne concevaient point d'autre monde ; et que, même sous l'ancien régime, lorsque le respect immobilier des âges antérieurs s'évaporait lentement, la plèbe des « chers et bien-amés » sujets avait encore le privilège de ne point voir la hiérarchie d'aisance qui s'étageait au-dessus de sa tête.

Le pouvoir ayant été transporté depuis cent ans du roi à la nation, d'une poignée d'individus à l'ensemble des citoyens, comme la majorité des citoyens se composait de travailleurs manuels, par cela seul qu'il était l'égal des autres citoyens, le travailleur devenait leur maître, puisque le « nombre » régnait et qu'il était le « nombre. » On s'avisa donc que le peuple existait ! le peuple, la foule, que l'on n'aperçoit tout le long de notre histoire qu'à travers un nuage, figurant dans un lointain vague, en quelques préambules d'édits qui s'inquiètent d'abord de faire son bonheur et finissent par lui demander simplement de l'argent.

Les hommes d'État de jadis, même quand ils jaillissaient de la plèbe, — il y en eut de ceux-là, — commençaient par l'oublier pour s'adonner à quelque œuvre grandiose, capable d'immortaliser leur nom. Aussi arriva-t-il que les moments où « la France » était le plus heureuse furent souvent ceux où « les Français » étaient le plus malheureux ; que le pays faisait à la fois l'admiration du monde et le désespoir de ses habitants. Les hommes d'État contemporains, même quand ils sont nés aux sommets, ont pour souci principal de plaire aux travailleurs et la concurrence s'établit à qui leur plaira le mieux. On leur a donné tout ce que peut donner la législation politique, mais ils se trouvent médiocrement satisfaits. C'est du pain qu'ils voudraient plutôt que des lois ; du pain, c'est-à-dire un bien-être plus large encore avec de plus amples loisirs. Cependant les députés ne savent comment s'y prendre. Ils n'ont à leur portée, dans les cartons, que des lois toujours et pas de pain. *Si l'on essayait de faire du pain avec des lois* ? C'est la question qui se pose.

De nobles réformes politiques s'étant trouvées accomplies à une époque peu éloignée de découvertes scientifiques prodigieuses, beaucoup de gens ont cru qu'entre les deux choses il y a un rapport quelconque, bien qu'il n'y en ait absolument aucun : l'ouvrier de 1835 ressemblait beaucoup comme *salarié* à celui de 1788 dont il différait si fort comme *citoyen* ; l'ouvrier de 1898 est semblable, comme *citoyen*, à celui de 1848 dont il diffère si fort comme *salarié*. La science et la politique ont leurs domaines distincts ; la première donne le bien-être, la seconde donne la liberté et la justice. Pour forcer l'État à sortir de sa sphère, des méchants et des naïfs affirment à la masse qu'elle est spoliée. Ils ne savent pas, hélas ! à quel point on les croira. Le trésor qu'ils promettent n'existe nulle part, mais le regret d'être privé de cette richesse imaginaire suffit à gâter, pour la foule, le charme des biens nouveaux et réels dont ce siècle l'avait gratifiée.

ISBN : 978-1724438751